3分で幸運美人になる「音の魔法」

あなたの声と音が、すべてを浄化する

サウンドヴォイス・セラピスト
経営学博士／空間音楽プロデューサー
村山友美

フォレスト出版

はじめに

本書を手に取ってくださり、ありがとうございます。

こうして出逢えたあなたとのご縁に感謝いたします。

私は、サウンドヴォイス・セラピストとして活動しています。

サウンドヴォイス・セラピストとは、音と声の力を使って、浄化やヒーリングを行うことによって、クライアント様の状態をより良い状態へと導くお仕事です。

また、声分析士、空間音楽プロデューサーとして、声の状態や人と空間のエネルギー状態を調べ、それに合った音や音楽を提案している、「音とエネルギー」を扱うプロフェッショナルです。


この本は、**すべての人が本質的に持っているエネルギーを良くし、悪いエネルギー（邪気）をキレイに浄化する方法**が書いてあります。

浄化とは、よごれや悪いエネルギーを取り除いて、清浄・清潔にすること。

次のようなことは思い当たりませんか？

＊最近ついていないことがよく起こる
＊精神的な疲れやストレスが溜まっている
＊怪我をしがち、病気にかかりがち
＊職場、友達、家族、恋人との人間関係で揉めている
＊恋愛や結婚の縁に恵まれない
＊お金がなかなか貯まらない
＊頑張っているのにうまくいかない

いかがでしょうか？

もしも、ひとつでも当てはまるものがあれば、浄化が必要かもしれません。

そんなあなたには、この本と付属のＣＤはきっとお役に立てるはずです。

なぜなら、**本書でご紹介する「サウンドヴォイス・ヒーリング」は、一番簡単かつあっという間に浄化をし、あなたのエネルギーを良い状態に変えてしまう**からです。

なぜ、幸運な人と不運な人がいるのか？

あなたの周りにいつも良いことばかり起こる人はいませんか？

いつも笑顔で、毎日キラキラしていて、チャンスやご縁に恵まれていて、楽しそうな毎日を送っている人。

もう一方で、頑張っているのに、なぜかついていなかったり、嫌なことばかりが続いたりしている人もいます。なかなか良い出逢いやチャンスに恵まれなかったり、頑張っているのに認められなかったり……。

あなたの周りにそんな人はいらっしゃいませんか？


きっといるはず。あなたもこのどちらかに当てはまるかもしれません。

では、どうして幸運な人と不運な人がいるのでしょう？

それは、実はエネルギーで決まります。

エネルギーの状態が良い人は、幸運が巡ってきますし、常に良い状態を保つことができます。逆にエネルギーの状態が悪い人は、運が巡ってこなかったり、嫌なことが続いたりします。

ここで大事なポイントは、**幸運な人も不運な人もいない**、ということ。

良いエネルギーを保てている人と、悪いエネルギーを貯めこんでいる人の違いだけなんです。ですから、幸運・不運は、生まれ持った性格や個性でもなければ、単にラッキー、アンラッキーな人でもありません。

もし仮に、あなたが今アンラッキーだったとしたら、それを変える一番簡単な方法が「浄化」をすることです。

浄化といっても、そんな特別なことではありません。

不運の原因である悪いエネルギーを外に出し、心と体と今いる場所をキレイにすることで、良いエネルギーで満たされ輝き始めます。

そして、自然と幸運が引き寄せられてくるのです。

音と声があなたのすべてを浄化する

浄化をする方法は、数多くありますが、一番簡単でもっとも効果的な方法が、本書のテーマである「声と音」を使った浄化法「サウンドヴォイス・ヒーリング」です。

詳しくは本書の中でお伝えしていきますが、音を使った浄化は、実際に空気・空間、モノ、人、感情などをすべてクリアにしていきます。

音の波はすべてを通り抜け、ダイレクトに伝わります。音速で伝わる振動が、あらゆるエネルギーをキレイに変えていくのです。

音以上に効果があるのが「あなたの声」です。人は自分が持っているすごい楽器に気がついていません。人にエネルギーを与えたり、エネルギーを奪ったりするのも声。声は心を必ず反映させます。そして、心と体に影響を与えられるのも声の持つ力なのです。

本書では、付属のCDを使って実際にワークを行っていただきます。読むだけでなく、本書に付属されているCDを使って、実際に浄化をしてみてください。
CDにはすごい音をたくさん詰め込みました。

＊心身と空間を浄化する４０９６Ｈｚの音叉
＊細胞を浄化し、修復する５２８Ｈｚの音叉
＊感情を浄化するシンギングボウル
＊脳波を変えるアルファ波とシータ波の音叉
＊チャクラを浄化、活性化するエナジーチャイムバーと音叉
＊７つの惑星のエネルギーをゲットする惑星ハンドチャイム
＊幸運体質を引き寄せるパイプグロッケンやクリスタルボウル

など、さまざまな目的に合ったサウンドヴォイス・ヒーリングを実践していただけるものになっています。

浄化はほとんどの人に必要なものだと思っています。なぜなら、生きている限り、良いエネルギーと悪いエネルギーの両方が入ってきてしまうからです。

エネルギーさえキレイにしてあげるだけで、嬉しいことがどんどん起こり始めます。

本書で紹介しているワークはたった3分でできるものばかり、効果は絶大です。

難しく考えず、自分自身と自分の大切なモノ、自分のお部屋を本書とCDでキレイにしてみてください。きっと望む以上の幸せが舞い込んでくるようになります。

さあ、あなたが「幸運美人」になるときです。幸せの扉を開けてみてください。

村山友美

サウンドヴォイス・ヒーリング体験者の声

スッキリ
しました

細胞が
震える感覚を
味わえた

人間関係が
大きく
変わりました

肌の調子が
良くなりました

怒りがすぐ
おさまるように
なった

悲しくないのに
涙が出ました

ストレスが
なくなった

お金が
入るように
なりました

自分に素直に
なれるように
なってきた

ダイエットに
成功しました

家族が
なぜか仲良く
なれました

癒されました

最近ついてる
ことがたくさん
起こるように
なりました

運命の人と
出会えました

音が体の
中に
入ってくるのを
感じた

部屋の空気が
キレイになった

自分のことを
大切にしようと
思えました

なぜか
モテて
きたんです

心まで
キレイになった
気がします

目次

第3章

心と空間を浄化する「音」のワーク

第4章

すべてを浄化し、エネルギーを高める「声」の魔法

第5章

細胞と体を浄化する「声」のワーク

第6章

幸運美人になる引き寄せのサウンドヴォイス・ヒーリング

第1章

浄化をする前に
知っておくべき
「エネルギーの法則」

エネルギーの
法則1

エネルギーは常に流れている

さて、浄化に入る前にまず「エネルギーの法則」についてお話ししていきます。エネルギーとは「気」ともいいます。運気が上がったり下がったりするカラクリを見ていきましょう。

そもそも運気とは、「運ぶ気」と書かれるように、「気」が動いてさまざまな場所を流れているものです。お部屋の中、私たち人の体、土地や町にも流れています。

つまり、運気は「流れてくるエネルギー」のこと。

このエネルギーは常に流れているものですが、あることをきっかけに、流れが悪くなったり、良くなったりします。運気が変化するのはこのため。運気が下がってしまう原因は、このエネルギーがスムーズに流れなくなったからなのです。

このイメージが難しかったら、大混雑の中を歩くことをイメージしてみてください。人がたくさん集まっていると、スムーズに歩けませんよね。さらに、急いでいたらイライラもしてしまうでしょう。

また、お部屋でも同じです。散らかっているお部屋とキレイなお部屋なら、キレイなお部屋のほうが嬉しくありませんか？　居心地がよく感じませんか？

キレイなお部屋のほうが気持ちも清々しく、居心地がよいですよね。

そう感じる理由は、散らかっている状態だとモノが障害物となり、うまく「エネルギー」が流れていかないからです。

そうなると、どんどんエネルギーがこもり、エネルギーが悪い状態になってしまうのです。私たちの心と体はそれを敏感に感じ取ります。自分自身も居心地が悪いと感じるでしょうし、体調を崩してしまうかもしれません。

しかしどうでしょう、ひとたび空気の入れ替えをするだけで、気分はパッと明るくなり、気持ちも良くなるはずです。

大切なのはエネルギーの流れを常に良くしておくことなのです。

「エネルギー」の特徴のひとつは、「流れ」があること
「流れ」が滞ると、エネルギーが悪くなる

エネルギーの
法則2

エネルギーは人に「同調」する

「エネルギー」が持っている特性は、それだけではありません。

私たち人は、誰でもエネルギーを発しますし、エネルギーを受けています。

人の持つその「エネルギー」に同調してしまうケースもあります。

たとえば、いつもイライラ、ご機嫌斜めな人と一緒にいると、いくら影響を受けないようにしようと思っていても、あなた自身もイライラしてきたり、機嫌が悪くなったりしたことがあるはずです。

これは、周りの人のエネルギーに同調してしまったことによるものです。**エネルギーがうつると自分もなぜかイライラしたり、気分が悪くなったり、下手すると病気になったりすることがあります。**

同調するイメージが難しかったら、実際に速いテンポの音楽を聴きながら、ゆっくり遅く歩いてみてください。

どうでしょうか？

実際にやってみた方も、イメージしただけの方も、「難しいな」と感じたはず。

その理由は、人はひとつのことに同調する（調子を合わせてしまう）から。頭ではゆっくり歩こうとしても、速いテンポに同調してしまい、気づいたら速いテンポに合わせてしまうのです。

逆に、ゆっくりしたテンポで、ものすごく速く走るのも難しく感じるでしょう。

「エネルギー」もこれと同じことが起こります。

周りに良いエネルギーを持つ人がいると、あなた自身も良いエネルギーになってくるのです。逆に悪いエネルギーにばかり触れていたり、エネルギーが滞っている場所・空間にいると、あなたのエネルギーも悪くなり、運気が下がった状態になってしまうのです。

エネルギーは周りの「人、モノ、場所」に同調する
イライラやハッピーなどの感情が伝染するのもエネルギーの仕組み

エネルギーの法則3

「悪いエネルギー」と「良いエネルギー」は違う

そもそも、「良いエネルギー」「悪いエネルギー」とは何なのでしょうか？

エネルギーとは、あらゆるものに宿ります。人などの生物だけでなく、持っている服など個体のモノ、森や川、海などの自然から無機物のモノまでが発するエネルギーです。このエネルギーのことを「気」「波動」「周波数」などと言ったりします。

言葉は違いますが、基本的には同じものだと考えてください。このエネルギーは流れがあり、波打ちながら振動しています。

「悪いエネルギー」とは、エネルギーがスムーズに流れない状態のこと。どこかで滞ってしまったり、ほかの悪いエネルギーに影響されたりして、生まれてきます。

悪いエネルギーを持っている人（モノ・場所）は、嫌なことが起こりやすくなります。ケガを負ったり、病気にもかかりやすくなったり、嫌なことが立て続けに起こったりと、日常生活に悪い影響を与えてしまいます。

悪いエネルギーが溜まる場は、衰退していってしまいます。よくお店が入れ替わるような場所もそうですね。どんな商売をしても、なぜか人が集まらない、お客さんが寄ってこない場所で、数カ月も続かないような場所です。


その一方で、良いことばかり起こる「良いエネルギー」もあります。

これを持っている人は本当に最強。良いエネルギーを持った人は、自身も健康で、人を無意識で幸せにしてしまう、癒してしまう、パワーをくれます。

良いエネルギーを持った場所は、栄えていくのです。良いエネルギーを持つお金や人も集まりやすくなります。いつまでも一緒にいたくなってしまうような人や、会うと元気になってしまう人のことです。

「エネルギー」とは気、波動、周波数と呼ばれるもののこと
悪いエネルギーは、流れていない状態。良いエネルギーは、流れている状態

エネルギーの法則4

お金や人間関係も、エネルギーの良い場所を好む

先ほども少しお伝えしましたが、運気が下がると私たちには嬉しくないことが生活の中で起こってしまいます。

運気を上げるには、常に「良いエネルギー」の中にいることが大切です。

これは何も、私たちだけではありません。モノも場所も同じ。

ですから、お金も運気の良い場所を好みます。

「お財布の中には、たくさんのお金を入れておくと良い」

「小銭は、小銭入れに入れると良い」

なんて話はよく聞きますよね。

お金もエネルギーなので、運気の良い場所が大好きなのです。

ですから、その日、使う分だけお金を入れているお財布よりも、たくさんお金が入っているお財布の中のほうが、優雅で居心地のよい状態になります。

私たちもキレイで美しいモノに囲まれ、好きなモノに囲まれたお部屋には、ずっといたくなりますし、お友達も遊びに来たくなりますよね。

それと一緒で、お金も居心地のよいエネルギーの場所であれば、集まりたくなるものなのです。

人間関係においても同じ。一緒にいる人が良いエネルギーを持っている人が多ければ、あなたの周りのエネルギーも良い状態になります。これは先ほどお話しした、「エネルギーは同調する」という特徴によるもの。

やはり、エネルギーが良い場所になるべく身を置くことが大切になるのです。

人もお金もエネルギーが良い場所が好き
エネルギーの良い場所に行こう

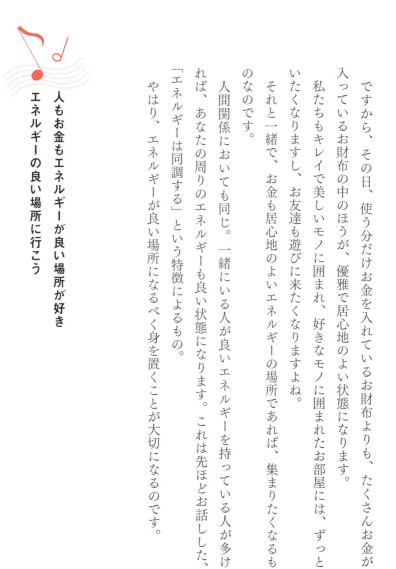

エネルギーの
法則5

エネルギーには相性がある

「エネルギー」は同調するといいましたが、もうひとつ特徴があります。

それは、エネルギーには相性があるということ。

どうしても合わない人、なぜかいつも一緒にいたくなる人などがいますよね。これもエネルギーによる作用。だから、相性が悪い人とは何をやっても相性が悪く、相性が良い人とは何もしなくても相性が良く、「気が合う」のです。

当然、モノ同士でも同じです。たとえば紙幣と硬貨は、エネルギーが異なります。

紙幣は紙ですが、もとは「木」であり、硬貨は「鉱物」からできています。

できているものが違うので、発生するエネルギーも異なっているのです。

エネルギーが違うもの同士が一緒になってしまうと、どうなるでしょうか？

そう、なんだか居心地が悪くなってしまい、そこから脱出しようとするのです。

だから、一緒に置いておくものや入れておくものは、エネルギーが同じものにしましょう。

小銭とお札であれば別に入れたほうが良いでしょう。お金が出ていってしまうという理由だけではありません。お財布の中のエネルギーが混乱してしまい、お金自体が入りづらくなります。そうなると、お金が貯まらなくなってしまうのです。

先ほど、エネルギーは同調するとお話ししました。

同調というのは、「一緒になる」だけでなく、同じようなエネルギーを引き寄せてしまいます。「類は友を呼ぶ」というように、似たもの同士が集まってしまうのです。

運気が下がり続けている人の周りには、「なんだかうまくいかない……」といった運気の悪い人が集まりやすい。これが相性の正体だといえるでしょう。

これは、同じエネルギーの人を引き寄せてしまうからなのです。

相性の悪いエネルギー同士は、そこから離れようとする
エネルギーが似ているもの同士は、互いに引き寄せ合う

エネルギーの法則6

エネルギーが悪いままだと、「病」として体に現れる

エネルギーが悪い状態になると、ゆくゆくは病気になることがあります。

病気とは、流れの悪いエネルギーが症状として体に現れることなのです。

流れの悪いエネルギーが体の中から吐き出せず、どんどん溜まってしまうことで、内臓や心に影響を与え、しまいには病気になってしまいます。病気は、内臓や心からの悲鳴であったり、メッセージなのです。

たとえば、耳に何かしらの症状が出る場合は、聞きたくない嫌なエネルギーからあなたを守ってくれているのかもしれません。目に出る場合は、見たくない嫌なエネルギーからあなたを守ってくれているのかもしれません。

エネルギーと心には、密接な関係があります。

「病は気から」という言葉は聞いたことがあるでしょう。

これは、「気持ちの持ちようで病気にも健康にもなれる」という意味です。病は、

滞ったエネルギーが症状として現れたものですから、ある意味で悪い気そのもの。

ですが、**エネルギーは、心のあり方次第で変化していくもの**なのです。

自分の心が良いほうにフォーカスすれば「良いエネルギー」になります。つまり、「良いエネルギー」「悪いエネルギー」ではなく、良いと「感じるエネルギー」、悪いと「感じるエネルギー」だといえます。

逆に、体の具合が悪いと診断されたときに「倒れたらどうしよう、動けなくなったらどうしよう」と考えると、そのイメージそのものを引き寄せてしまいます。

そうはいっても「エネルギーなんて本当にあるの？」と思われるかもしれません。

小さい頃、お母さんに「痛いの、痛いの、飛んでいけ〜」という不思議な呪文とともに、手を当ててもらうと痛みが和らいだ、そんな経験はありませんか？

不思議ですが、本当に痛くなくなってしまいますよね。

それは、手から不思議なパワーが出ているからなのです。

病は悪い「エネルギー」が症状として現れたもの
悪いエネルギーも良いエネルギーも、心のあり方次第で良くも悪くもなる

エネルギーの
法則7

エネルギーが良くなると美人になれる

一方、エネルギーが良くなるとどうなるのでしょうか？

ひとつには、美人になります。美人とは何も外面的なことだけでなく、心の底に明るいパワーを持っていて、いろんな人を惹きつけてしまうような人です。

私はそういう人を**「幸運美人」**と呼んでいます。

そんな素敵な人は、いつも「良いエネルギー」を発しています。そういう人たちと一緒にいると、自然と良いエネルギーに満たされ、心地よくなったり、自分の運気も上昇したりするのです。

素敵な人と一緒にいると、笑顔も自然と増えていきます。

また、ワクワクするような良い情報やチャンス、ご縁がいつもよりも入ってきます。毎日楽しい気分で小さなことに悩まなくなり、笑顔でいる時間がどんどん増えていくでしょう。

また、幸運美人な人は切り替えがうまいのです。

私たちは、「良いエネルギー」と「悪いエネルギー」の両方をつくり出せます。

それは素敵な人たちだって同じ。いつも良いエネルギーを出しているのではなく、悪いと感じるエネルギーも出すことがあります。誰だってイラッとしたり、ムッとしたり、カチンとしたりするでしょう。

ただ、素敵な人たちのポイントは、切り替えるのが上手くて、速いのです。また、良い「エネルギー」にフォーカスすることが多いので、悪い「エネルギー」をつくり出すまでに時間がかかるのかもしれません。

幸運美人になるためには、良いエネルギーを意識すること、切り替え上手になることが大切なのです。

外面も内面も明るいエネルギーを持つ「幸運美人」を目指そう
悪いエネルギーを出しても、すぐに切り替えれば大丈夫

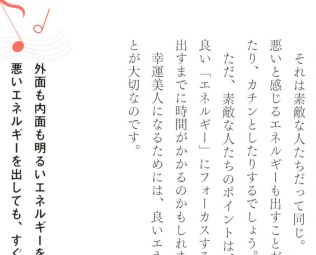

エネルギーの
法則8

笑顔の多い人には、もっと良いエネルギーが入りだす

幸運美人の特徴は、よく笑うということ。

幸せな人って、いつもニコニコしているでしょう。これも昔の人がよくいった言葉「**笑う門には福来る**」です。

笑うことは、身体的にも精神的にも効果があります。筋骨格系、循環器系、神経系、免疫系など全身に影響を与え、非常に良い効果があるといわれています。

楽しく笑っていると、ストレスもすぐに発散でき、不安や緊張の緩和にもなりますよね。口の周りの筋肉にも効き、良いホルモンもたくさん分泌します。笑顔でいる人は、やっぱりキレイなのです。

幸運美人な人だって、いつも楽しいことばかりではないでしょう。

でも笑顔でいると、良いエネルギーが入ってくることを知っているのです。

そして、自分が笑えること、楽しいと思えることを積極的にやっていこうとします。逆に、つまらないこと、嫌な感じがする場所や人からは少しだけ距離を置き、自分が心地よくいられるところにいます。

ですから一見、ずっと楽しそうにしているように見えるのかもしれません。

そうやって生きていると、良いエネルギーが生まれ、集まってきます。良いエネルギーに囲まれると、当然、その人の周りには、良い情報や楽しい情報がどんどん入ってくるし、驚くようなチャンスが舞い込んでくるのはお話ししたとおりです。

自分の内側からも外側からもエネルギーの刺激を受け、空間が良いエネルギーになり、常に心地よい状態でどんどん行動していけるようになります。

このようにして、どんどん良い大きな流れができあがっていくのです。

いつも笑顔でいる人には良いエネルギーが集まってくる
良いエネルギーを大きな流れにすると、驚くようなチャンスが訪れる

エネルギーの
法則9

エネルギーは花瓶のお水と一緒

ここまでお話ししてきたとおり、エネルギーには、良いエネルギー・悪いエネルギーが生活の中で交じり合い、同調したり、引き寄せ合ったり、離れ合ったりしています。それが、私たちの心や体、人間関係、お金、恋愛、運気……などに影響を与えているのです。

私たちの体は、お水の入った花瓶みたいなもの。

お水をキレイに保てればいいのですが、仕事や人間関係のストレス、日常生活のささいな感情（イライラ、不安、怒りなど）の変化で、自らのお水を少しずつ濁らせてしまいます。

どれだけ美しいお花であっても、花瓶のお水をずっと替えずにいると、少しずつお水は濁り、異臭を放ち、お花も元気を失っていくでしょう。

お花を再び、美しく、元気に、力強く咲かせるためにはどうすればいいでしょう？

簡単ですね。**お花のお水を定期的に替えてあげればいい**のです。

お水を替えるだけで、お花ももう一度イキイキと咲くことができるのです。**私たちの体も心も一緒。気にかけてあげないとキレイなお水を維持することができません。**

常にキレイなお水のままでいたいところなのですが、残念ながら難しいのです。

たとえば、人とのちょっとした会話、言葉遣いや声のトーンだけでも、ネガティブな感情をいだくこともありますよね。会社の上司や同僚、彼氏などとも些細なことで言い争ったり、喧嘩をしたりするはずです。

そのようにしてエネルギーは、少しずつ濁っていきます。

ではどうすればいいかというと、簡単。

その悪い濁ったエネルギーを吐き出すようにしてあげればいい。

それが本書のテーマである「浄化」そのものなのです。

エネルギーは、花瓶のお水のようなもの
濁ったお水（エネルギー）は、一度吐き出して、入れ替えてあげればいい

浄化ってどんなことをするの？

浄化とは、悪いエネルギーを取り除いて、キレイにすることだといわれます。体も、心も、モノも、浄化することができます。

つまり、悪いエネルギーを一度リセットし、良いエネルギーで満たしてあげることです。

さきほどの例で見てみましょう。満杯に入った花瓶のお水の中から、濁ってしまったお水だけを出してあげると、空間ができますよね。その空間にキレイなお水を入れてあげることで、美しいお水でいっぱいになるのです。

これこそが浄化そのものです。

自分では気づかないうちに、お水は少しずつ濁ってしまいます。

ですから、**よごれたお水を少しずつ吐き出してあげましょう。**悪いエネルギーを受けること自体は、問題ではありません。生きている限り自然なこと。問題なのは、それを知らないうちに溜め込んだままにしてしまっていることです。

それを吐き出し、浄化することによって、常に良いエネルギーの状態で毎日を過ごすことができるのです。

浄化は五感で体感できる

浄化で体の毒素を吐き出しておけば、常に良いエネルギーの状態にできる

浄化されると、聴こえる音がクリアになったり、舌が敏感になったり、見るモノが輝いて見えたりと五感が鋭くなり、エネルギーに対して敏感になります。

浄化の証として、体の肉体面に現れるケースもあります。たとえば、頭痛・風邪・花粉症・鼻炎・吐き気といった症状も、浄化の好転反応の一種だともいわれています（好転反応については178ページでご説明します）。

幸運は浄化しないと引き寄せられない

改めて、浄化のメリットを見ていきましょう。

まず、そのひとつは、**運気が上がる**こと。浄化をしていない状態では、エネルギーが良いときに比べて、運気が下がっています。

それは表情や姿勢にも現れます。たとえば、あなたはどんより暗い顔をしている人を見て、「あの人『エネルギー』が良いな！」「素敵だな！」って思いますか？

きっと思わないでしょう。

逆に、笑顔で背筋がピンとしていて輝いている人を見ると「あの人、素敵だな！」って感じますよね。その方は、あなたにとって素敵なエネルギーを放っているのです。

そういう方は、仕事だったり、プライベートだったりがうまくいっています。

このエネルギーが低い状態のときは、エネルギーが低いモノや人を引き寄せてしまいます。

それは、**エネルギーが合うものしか引き寄せられない**からなのです。

浄化によって、良いエネルギーをキープできていれば、良いエネルギーが引き寄せられます。

良いエネルギーが引き寄せられれば、どんどん運気が上がり、スパイラル状に良いことが起こり始めます。

ですから、自分の「エネルギー」を良い状態にしていきましょう。

そのためには、自分自身、自分の周りを浄化していくことがとても大切なのです。

良いエネルギーに囲まれ、自分自身のエネルギーを上げていかなければ、未来は良くなっていきません。幸運を引き寄せたいと思っているのであれば、エネルギーを良くする。

そのためには、浄化が重要なファクターになるのです。

浄化をすることで、自分自身のエネルギーも良くなる
エネルギーが良くなると、どんどん幸運が引き寄せられる

世界一簡単に自分を浄化する方法

浄化に関するさまざまな方法は、本や雑誌などですでにたくさん紹介されています。浄化はそもそも、特別なことでも、非日常的なことでもありません。私たちは知らず知らずのうちに、浄化を行っています。たとえば、

- **お塩を撒く**
- **神社に行って手水舎で手をキレイにする**
- **神社の神前で、鈴を鳴らし、二礼二拍手一礼する**
- **空気を入れ替える**
- **蜜蝋《みつろう》キャンドルなどで火を使う**

なども浄化です。

しかし、そういった日常にある浄化だけで、満足していないからこそ、本書を手にとっていただいたはず。

私が一番オススメしている浄化法は、「音」と「声」を使った浄化の方法です。

それが、本書でお伝えする「サウンドヴォイス・ヒーリング」。

サウンドヴォイス・ヒーリングの詳しいことは、これから述べていきますが、この音と声を利用した浄化方法は、そのほかにある浄化法より簡単で、効果的なものです。

音は周波数でできています。

冒頭にも書いた通り、エネルギーは気であり、波動であり、周波数。つまり、音やあなたの声は、周波数をまとうエネルギーや気、波動そのものなのです（周波数に関しては44ページでお伝えします）。

それを使うことで、エネルギーに直接影響を与えることができてしまうのです。

あらゆる浄化法の中でも、音と声が一番効く
音は周波数。だから、エネルギーに直接干渉できる

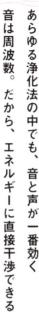

音は魔法に満ちている

「どうして音や声を使うと、浄化できるのか？」

そう思ったかもしれません。

そもそも音とは何なのか、からご説明していきましょう。

一言でいえば、音とは「振動」のこと。

たとえば、大きなスピーカーの前に行ったことがありますか？

音の出ているスピーカーの前に立つと、ドンッドンッという振動を感じることができます。また、音量の大きなスピーカーの前にお水を入れたグラスを置けば、音楽に合わせグラスの中のお水が波打ってきます。


これは何かというと、音の振動（波）が通り抜けているのです。

音は実際に揺れて（振動して）いて、波打っています。この音の振動は、密室のような空間であっても、壁や人体も通り抜け、ダイレクトに伝わるのです。

この影響はさまざまな形で、体に現れます。

音や音楽を聴くと、イラッとしたり、興奮したり、悪影響を及ぼしたりするのと同時に、心を静めてくれたり、癒してくれたり、安らかにしてくれますよね。

私たちが生きている限りは、心臓はドクッドクッと鼓動を打ち、脈や肺もリズムを打って、呼吸に合わせすべての臓器がリズムをとり、音を奏でています。

これは、私たちの体の中にも心の中にも音楽が存在している証。

肉体のすべてが、リズムを打って生きているからこそ、私たちは音などのリズムに魅了されるのです。

音は振動であり、空気、モノ、水、細胞までダイレクトに伝わる
人間の体にも音楽があり、音やリズムに魅了される

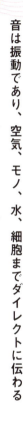

エネルギーを周波数で見てみよう

「音」の正体を知る上で欠かせないのが、「周波数」です。「周波数」という言葉はあなたも聞いたことがあるでしょう。

では、周波数が何かご存じでしょうか。

言葉は聞いたことがあっても、いざ説明を求められると困ってしまいますよね。

音が波を打っていることは先ほど説明しました。

その波が、１秒間にどれだけ波をくり返しているかが、周波数です。１秒間に１０００回の波があるものを１０００Ｈｚ（Ｈｚ＝ヘルツ）といいます。周波数の数値が高ければ高いほど音程も高くなり、低ければ低いほど音程が低くなります。

ではこの周波数がどのように影響を及ぼすか見ていきましょう。

突然ですが、あなたは「どうしても好きになれない人」っていませんか？

・理由はわからないけど生理的に受けつけられない人
・ただ普通に話しているだけなのになぜかイラッとする人
・会話がどうしても弾まない人
・一緒にいるとなぜか気まずい空気が流れる人

など、誰でもひとりくらいはいるでしょう。
実は、周波数の秘密がそこには隠れているのです。
そもそも、私たち人間は、周波数を発して生きています。
「え？？？　人間って音を発しているの？」
と驚かれた方もいるかもしれませんが、そうではありません。
先ほどお伝えしたように、音は振動であり、目には見えないエネルギーそのもの。
このエネルギーを人間は同じように発しているのです。
人は、周波数（基本の周波数）を持っていて、その周波数は常に変化しています。

これは、最初にお話しした「エネルギー」の変化のこと。何度もお伝えしているように、エネルギーと周波数は同じものです。

だから、辛い、悲しい、嬉しい、楽しいと感じているときは、「エネルギーの流れ」が変化したとも、周波数が変化したともいえるのです。

たとえば、すごく幸せなときは「幸せの周波数」を出していますし、悲しいときは、「悲しい周波数」を出しています。

そして、私たちがそれぞれ持っている周波数には相性があり、周波数の相性が「あの人と相性が良い・悪い」を決めているのです。

あなたの周波数と、誰かの周波数がキレイに交われば、それは相性が良いことの証。一方、周波数の波がどうやっても交わらない人がいます。そういう人は、残念ながら「自分とは合わない人」なのです。

エネルギーは周波数、あなたも周波数を持っている
周波数がキレイに交わると良い相性、交わらないと悪い相性になる

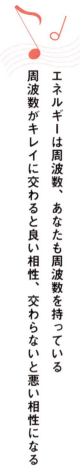

周波数の相性が良い

気が合う
話が合う
一緒にいて楽しい
居心地がよい

周波数の相性が悪い

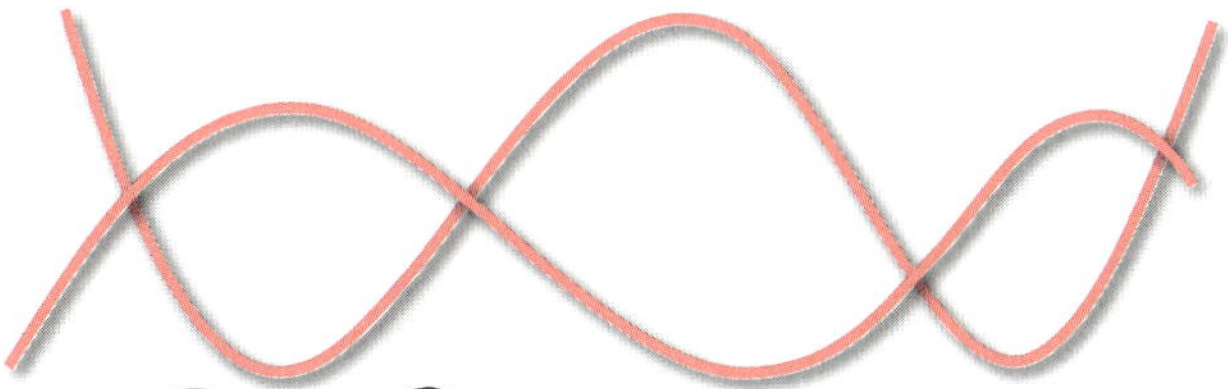

気が合わない
話が合わない
一緒にいて楽しくない
喧嘩をよくする

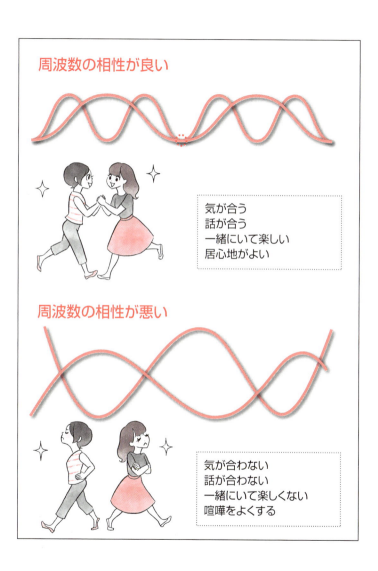

音の振動が体を浄化する

音は、あなたが耳で聴いた音よりも、速く体に届いています。

音の振動は、空気は秒速340メートル、水中は秒速1500メートル、骨・金属・固体は秒速5600メートルという速さで、私たちの体内にある水分に届き、細胞に届き、心にまで伝わっていきます。

私が音の浄化をすすめる理由が、「振動であること」と「速く手軽なこと」です。

まず、音は振動ですから、物理的な壁がありません。

悪いエネルギー(邪気)は、空間やモノだけでなく、体まわり、臓器、筋肉、細胞にもついてしまいます。この邪気をとろうとしても、体の中に手を入れることも、手で触れることもできません。ほかの浄化法では、体などの物理的な壁にあって、なかなかすべてを浄化することができないのです。

しかし、音や声は、手に届かないところにも、簡単かつダイレクトに伝わり、浄化することができてしまうのです。

次に、「速く手軽なこと」です。

先に書いたとおり、音速で届くため、あっという間にあらゆるエネルギーに影響を与えます。邪気、ネガティブなエネルギーを、あっという間に洗い流し、変えてしまうのです。

しかも、やり方は音を聴くだけ、声を出すだけ。

音の浄化法は、最速かつもっともラクに浄化できる方法なのです。

後述する音のワークや声のワークをするときは、体の中や空気を音がクリーニングしているイメージをしてみてください。全身やお部屋にこびりついた邪気を、音の振動が全身を包み、通り抜けて邪気を解放・分離してくれるのです。

音はあっという間にすべてを浄化してくれる
音を聴き、声を出すだけで、邪気を解放・分離する

音が体に与えるミラクル

音は、脳波やホルモン、肉体にも影響を与えることがわかっています。音が体の中を通るとき、良い振動と悪い振動の両方が入り込んできます。

良い振動は、体に良い影響（リラックス効果だったり）を与える振動。

悪い振動は、体に悪い影響（ストレスになってしまったり）を与える振動。

どちらも体の細胞や血管を「ブルブルブル」と動かしてしまいます。そして、無意識に耳で聴くよりも速いスピードで体の中に入り込んでくるのです。

悪い振動は、臓器などにダメージを与えると考えられています。

たとえば、ストレスが溜まりにたまると胃潰瘍になりますよね。実は、東洋医学の考え方では、心と体を切り離すのではなく、心と体は一体であると考えています。そのため、臓器と心にはとても深い関係があるのです。

たとえば、喜び・怒り・憂い・悲しみ・思慮・恐れ・驚きといった七つの感情は、人の心臓・肝臓・肺臓・脾臓・腎臓の5つに病気として症状が現れます。

怒ったときは、カッと頭から火が出そうになりますね。この過度な怒りは、興奮し、肝臓の気を頭部に上昇させます。そのため、頭痛や目が赤くなったり、肋骨の下部周辺の張りを招いたりすることになるのです。

恐ろしい状況のときは、腰が抜けたり、座りこんだりしてしまいますよね。恐れは、腎臓の気を緩めて下降させます。そのため失禁などを引き起こします。

喜んでいるときは、ウキウキした気分になりますよね。この過剰な喜びは、気が緩み集中力を低下させたり、不眠になったり、動悸がしたりします。

驚くときは、極度の緊張をともなない感情が不安定になります。そのため、気が動転してしまい、腎臓の気が乱れてしまいます。

悲しいときは、生きる気力すらもなくなってしまいますよね。気は失せてしまうのです。そうすると、肺の気が消耗され、ため息ばかり出てしまったり、咳や息切れなどを引き起こしたりします。

思い悩んだときは、腕組みしながらウ～ンと考えこんでしまいますよね。気が固まってしまうのです。過度に考えすぎたり悩んでしまうと、精神的にも疲れ切ってしまい食欲不振になったり、腹部に張りが出てきたりします。

憂鬱《ゆううつ》なときは、なんだか心が晴れなくてどんどん心を閉ざしてしまいますよね。気も閉じてしまい肺にダメージを与えてしまいます。

このように、音はそのエネルギーをもとの正常な状態に戻す手助けとなり、さらに臓器についてしまった悪いエネルギーを音の振動で弾き飛ばして浄化するのです。

音が臓器にこびりついた悪いエネルギーも吹き飛ばす
浄化は健康にもつながる

第2章

あらゆるものを浄化する
サウンドヴォイス・ヒーリング

サウンドヴォイス・ヒーリングの魔法

それでは、音と声を使った浄化法「サウンドヴォイス・ヒーリング」をご紹介します。**サウンドヴォイス・ヒーリングとは、音と声を使って自分を浄化し、心地よさの中で自分らしさや秘めたる可能性を輝かせていくもの**です。

私自身が「音」や「声」の持つ力のすごさを実感し、エネルギー・波動・音楽療法・音叉療法・脳科学・音楽心理学・アーユルヴェーダ・東洋医学・アロマ・ホロスコープなどを統合し、セッションの経験を重ね多くの研究と閃きにより、ようやく開発したものです。

サウンドヴォイス・ヒーリングの最大の魅力は、体の中に入り込んで、溜まってしまっている悪いエネルギーを音・声を使って、苦しまず簡単に排除（解放・リリース）できることです。

心地よく声を出したり、楽しみながら音を聴いたりしているだけで、浄化と引き寄せを同時に引き起こすことができます。
良い音や音楽を全身で浴びる浄化は、こんな嬉しい効果があります。

・邪気を払い、幸運を引き寄せる
・脳の疲労を回復し、バランスを取り戻せる
・快のホルモンが出て脳も活性化する
・オーラが変わる
・チャクラのバランスが整う
・心と体を修復して癒す
・疲れがとれる、免疫力が上がる
・血液の流れがサラサラになる
・潜在意識の扉が開く

そのほかにも、精神的に安定したり、夢を実現しやすくなったり、記憶を呼び覚ましたり、美容効果があったりするなど、嬉しいことがたくさん起こります。

サウンドヴォイス・ヒーリングをすると素敵なことがたくさん起こる

サウンドヴォイス・ヒーリングの魔法1

五感が磨かれ、感性が鋭い人になる

本書で、浄化を行うと、運気を上げるという以外にも良いことがあります。

そのひとつが、「五感の機能も磨かれる」ということ。

五感とは、見る、聞く、嗅ぐ、味わう、触れるといった感覚のことです。

現代人は、文明化とともに、視覚ばかりを使う生活をしてきてしまったので、聴覚・嗅覚・触覚・味覚をあまり使えていません。

昔の人はそうではありませんでした。物音で危険を感じたり、風の向きで魚釣りの場所を変えたりと、視覚以外の五感をバランスよく使って生活していました。

しかし、現在のような便利な世の中になればなるほど、うまく五感が使えなくなってしまったのです。

サウンドヴォイス・ヒーリングは、これらの感覚を復活させ、脳を正常化させることができます。

サウンドヴォイス・ヒーリングで五感が強くなる
人間が古来に持っていた「五感のバランス」を取り戻せる

私たちの生活で五感がどのような割合になっているかというと、視覚80％、嗅覚・触覚16％、聴覚４％といわれています。さすがにバランスが悪いですよね。

つまり、目を閉じるだけで脳への情報が80％カットできることになります。

ですから、本書を使ってサウンドヴォイス・ヒーリングをやってみてください。目を閉じるだけで、いろいろな音が耳から入ってくるのを感じられるでしょう。人の通り過ぎる気配だったり、自分の周りにいる人の声だったり、コーヒーを淹れる音だったり、笑い声だったり……さまざまな音により聴覚が刺激されます。また、味覚や嗅覚も敏感になります。

浄化をすると、感じる力そのものが高まります。気、波動、周波数をリアルに感じることができるようになるので、目には見えないエネルギーを感じられるのです。

サウンドヴォイス・ヒーリングの魔法2

ストレスのない脳波に変わる

サウンドヴォイス・ヒーリングがすごいのは、脳波も変えてしまうところです。

脳波とは、脳内の電気信号で「今こんな状態だよ」ということを周波数単位（Hz）で表したものです。

よく知られている脳波の状態は、アルファ波、シータ波などがあります。アルファ波は、リラックスしているときや瞑想をしているときに出る脳波だと知られています。シータ波は、より深い瞑想や、眠りかけている状態のときに出ている脳波です。

ほかにも、ガンマ波やベータ波、デルタ波などの状態があります（左ページ図参照）。

普通に生活しているときは、ほとんどの人がベータ波の状態になっています。

つまり、ほとんどの人が常にストレスを感じながら生きていることを示しています。

これがノーマルの状態なのですから、ストレスゼロの生活がいかに難しいかがわか

((　脳波の種類　))

脳波	周波数(Hz)	心身の状態
ガンマ波	30〜80	イライラしているとき、極度の緊張、興奮状態、強い不安があるとき、かなり集中しているとき
ベータ波	14〜30	普段日常生活をしているとき、仕事しているとき、軽めの緊張、多少のストレス、集中しているとき
アルファ波	8〜13	意識集中のとき、リラックスしているとき、思考の沈静、瞑想しているとき
シータ波	4〜7	深い瞑想、潜在意識、うとうとした状態 浅い睡眠状態（レム睡眠）
デルタ波	0.5〜3	無意識状態、深い睡眠状態（ノンレム睡眠）

りますよね。

ストレスを解消するには、アルファ波やシータ波の状態にすることが重要です。この脳波に変えるには、ヨガや瞑想をするしかないと思われています。

でも、簡単に脳波を変える方法があります。

それが、サウンドヴォイス・ヒーリングです。**本書のCDトラック2を聴いてもらえれば、あっという間に自分の脳波をアルファ波、シータ波の状態に変えることができます。**

つまり、難しい瞑想や修行をしなくても、簡単かつ一発で、ストレスなしの脳波に変えることができるのです。

声や音で脳のバランスが良くなる
アルファ波やシータ波の脳になる

サウンドヴォイス・ヒーリングの魔法3

「3つの快感ホルモン」が手に入る

サウンドヴォイス・ヒーリングは、音楽を聴くだけでも効果があります。

私たちは、好きな音楽を聴くと「快感ホルモン」が分泌されます。

快感ホルモンは、A10神経が刺激され分泌されるβ《ベータ》エンドルフィンやドーパミン、セロトニンなどの神経伝達物質のこと。

βエンドルフィンは、脳内麻薬とも呼ばれ、鎮痛効果や高揚感、幸福感などが得られ、苦痛を取り除くときに最も多く分泌されます。

代表的なものが「ランナーズハイ」。マラソンやランニングなどで、長時間走り続けて苦しいとき、ストレスを軽減するβエンドルフィンが分泌され、快感に変わるのです。この効果はなんと、モルヒネの数倍ともいわれています。

ドーパミンは、快感を感じる脳内物質で、「やる気スイッチ」ともいわれるホルモンです。集中力・思考力・意欲・想像力・感情に影響を与え、興奮作用があり、気分を高揚させます。

ドーパミンはさまざまな場面で出てきます。たとえば、好きな人を見たときってドキドキしませんか？ これもドーパミンの効果。「幸せ〜、楽しい〜、嬉しい〜」と感じるときに出ているのがドーパミンなのです。

セロトニンは、興奮したドーパミンによる心の高ぶりを落ち着かせてくれます。快楽を求めるドーパミンに「いやいや、もう満足でしょ」とブレーキをかけバランスをとってくれます。

音楽を聴き、快感ホルモンが分泌されているとき、私たちの脳は活力にあふれ喜んでいます。こういう状態のときに、何かに取り組むとすごい力が発揮されます。

快感ホルモンが出るのは、特定の音楽というよりも、自分の大好きな曲であればいいのです。自分の大好きな音楽を聴いているときは、気分が良いですし、精神的にも良い状態にあるといわれます。

サウンドヴォイス・ヒーリングの一番手軽な方法は、好きな音楽を聴くこと 好きな音楽は聴くだけで、快感ホルモンが３つ手に入る

自然の音こそ、最高のサウンドヴォイス・ヒーリング

私が最高級の音だと思っているのは「自然音」です。実は、この自然音自体が、最高のサウンドヴォイス・ヒーリングになります。

自然音とは、自然の中にある音のこと。

小川の流れる音、小鳥のさえずり声、波の音、滝の音……など、私たちが自然の中に足を踏み入れると聴こえてくる自然の音です。

人はこの自然音を聴くだけで気持ち良くなり、心を落ち着かせることができます。

私たちは、体が疲れたとき、リフレッシュしたいとき、癒されたいとき、自然の中に自然に足を向けるようになっています。

自然に触れることでエネルギーチャージされる感覚になったことはありませんか？

なぜエネルギーチャージできるかというと、私たちは自然の一部だからです。私たち人間も自然であるからこそ、そこに帰るとエネルギーが戻ってくるのです。

自然音が持つ特徴は、「幅広い音域」「ゆらぎ」「体に良い倍音」だといわれています。ひとつずつ見ていきましょう。

「幅広い音域」・・・私たちの耳には聴こえない超音波10万Hzも含め、ありとあらゆる幅の広い周波数（超高周波～超低周波）が出ています。

48ページにも書きましたが、私たちは、耳に聴こえなくても体全身（皮膚から）で音を聴いていますし、音が空気をかいして耳に入ってくるよりも早い段階で体内の水と骨は音を感じ取って聴いています。

「ゆらぎ」・・・簡単にいってしまえば、ゆらゆらとゆらいでいる音です。ゆらいでいる音とは、「規則正しく↓不規則↓規則正しく↓不規則……」という規則的に正しい振動に不規則な振動が入ってくる音。たとえば、波の音、木々の葉のゆれる音、小川のせせらぎの音などから出ています。

「ゆらぎ」を聴いたとき、私たちの脳にアルファ波が発生し、筋肉も神経も脳も緊張がとれ、心身ともにリラックスし、脳が活性化されます。

「体に良い倍音」・・・自然の中には豊かな倍音がいっぱいです。倍音とは、基音の倍の周波数のこと。たとえば、鍵盤のドを押して「この音を発声してみて」といっても一人ひとり音色が異なりますよね。その理由は、基音以外に出ている倍の音が人によってバランスが異なってくるからです。倍音の説明は、104ページでもう少し詳しくしています。

倍音は、自律神経を安定させ、脳を活性化してくれます。倍音の豊かな人の声を聴くだけでも脳波がシータ波に導かれ、潜在意識の扉を開いてくれるのです。

体にも心にも潜在意識にまでも、素敵なことがいっぱい舞い込んでくることがわかっています。

そんな宝物のような倍音が、大自然の中にはたくさん存在しているのです。

私たちの心や体は自然の音に癒され、エネルギーチャージできるのです。

自然の音は最高級のヒーリング効果がある
心身ともにエネルギーチャージができる

自然の音のすごい３つの力

その①幅広い音域

耳には聴こえない超音波１０万Ｈｚも含め、ありとあらゆる幅の広い周波数（超高周波〜超低周波）が出ている

その②ゆらぎ

「ゆらぎ」を聴いたとき、脳にアルファ波が発生し、筋肉も神経も脳も緊張がとれ、心身ともにリラックスし、脳が活性化する

その③体に良い倍音

自律神経を安定させ、脳を活性化させる。倍音の豊かな人の声を聴くだけでも脳波がシータ波に導かれ、潜在意識の扉を開いてくれる

自然の音は最高級のヒーリング効果

海と山の音にも違いがある

私たちは、日々の生活に疲れてリフレッシュしたいときなど、自然の中に行こうとします。

「なんだか海に行きたいなぁ〜」

「山に行って温泉につかりたい気分だわぁ〜」

など意識をするわけでもなく、体が喜ぶほうをしっかり読み取れる力をみんな持っているのです。

実は、この無意識に選ぶ場所に意味があります。

山の周波数は「癒しの音」。

海の周波数は「浄化の音」。

心身ともに疲れ切ってしまった場合は、山に足を運び、癒しを求めることが多いのです。山に行き癒しの周波数を浴びることで、疲れを解放し、気分がリフレッシュできます。

一方、自分には浄化が必要だと思うと、人は海に行って足をつけていたり、ただただボ〜ッと波を眺めていたりすることが多いのです。

山の周波数にも海の周波数にも、超高周波と超低周波と呼ばれる幅広い音域があり、豊かな倍音がたくさん含まれています。

周波数のもたらす質は異なりますが、自然こそが最高級のサウンドヴォイス・ヒーリングになるのです。

海の周波数は、浄化の音
山の周波数は、癒しの音

浄化を始める前にやっておくべきこと

それでは、次の章から早速、音の浄化を始めていきます。

本書を使って実践していただくサウンドヴォイス・ヒーリングは、自然音とさまざまな楽器を使ってあなたの心と体、お部屋の空間までも浄化するものになっています。

あなたが浄化したいことは何でしょうか？

浄化というのは、漫然と「浄化したいな〜」と思っているだけでは、期待する効果は得られません。もちろん漫然と浄化された感覚だけを味わいたいのなら、ＣＤを聴いてもらえれば、十分でしょう。

でも、**もっと効果を得たいのであれば、次の章でワークをする前に、あなたが本当に浄化したいものを明確にしておいてください。**

＊怒りの感情を浄化したいのか？

＊自己嫌悪に陥っている感情を浄化したいのか？
＊運気が悪いのをなんとかしたいのか？
＊人間関係で悩み、悪いエネルギーをなんとかしたいのか？
＊お金がもっと入ってくるように浄化したいのか？

本書を手にとった目的は人それぞれ違うはずです。

読み進めている間に、自分が浄化したいものに気づいた方もいるでしょう。

第3章、第5章、第6章で、さまざまな浄化ワークをご提案していますが、自分にあった浄化法を実践してみてください。


この章の最後に、実際にサウンドヴォイス・ヒーリングを体感した方の声をご紹介していきます。実践される前に、ぜひ一度目を通して見てください。

何を浄化したいのか明確にしておくと効果がアップする
自分の目的と体質にあった浄化を選んでやってみよう

◆音と声の浄化を体感された方の声①

会社員、セラピスト　トーマス美奈さん

徐々に心の奥底から力強いエネルギーが湧き起こりました。

自信を取り戻し、私のつらい悩みもいつのまにか消え、弱気だった自分が嘘のようです。心が元気になってくると同時に、体にも変化が現れ始めたのです。

音の波動は細胞が活性化するので内臓が若返り、疲れを感じなくなりました。

また、美容面でも素晴らしい効果があり、肌がピチピチと弾力を増してきて毎日がウキウキして、とても楽しいです。

◆音と声の浄化を体感された方の声②

主婦　山野理紗さん

すっかり声と音に魅了されました。低い声を出して感情を吐き出していくと内側からすっきりしていったのです。また、音叉やハンドチャイムの音を聴いているとポカポカしてきて、まるで温泉に浸かっているかのようでした。心も体も軽くなり、家族にも優しい気持ちで接することができています。不思議なことに、そのエネルギーが移ったかのように家族も変わってきたのです。

音と声のおかげでとても穏やかな日々を過ごせています。

◆音と声の浄化を体感された方の声③

精神科医　佐々木優さん（仮名）

忙しい日々だからこそ自分の体も心も癒す大切な時間です。

音楽がカラダを含めたエネルギー体全体、無意識の世界にまで浸透して、迷いやジャッジメントから離れた正直な声とつながる旅をした気分でした。

力強い声と音の力は、あっという間にその効果を及ぼし、自分自身やその空間をクリアにしてくれました。

◆音と声の浄化を体感された方の声④

AromaTherapy講師、セラピスト　太田三紀子さん

「自分の大切な人たちの心と体の健康を守る」

という使命に気づかせてくれたのが「音」でした。

自分自身の「心・体・魂」の本来の健康を取り戻すところから始まり、今まで嫌いだった自分の「声」を少しずつ好きになることができました。以後、自分が奏でる音と声のエネルギーで人を癒すことができる喜びと幸せを日々感じています。

◆音と声の浄化を体感された方の声⑤

アーユルヴェーダ・デトックス講師　金子佳代さん

サウンドヴォイス・ヒーリングは、音のシャワーを全身で浴びるというより、音の豪雨を全身で浴びるような感じです。

それは今までに感じたことがない、不思議な感覚へと導いてくれます。全身の細胞が活性化されて体中が軽くなり、意識は飛んで、肉体から魂が出て天上世界へ行ったらこんなふうに感じるのではなかろうかと連想させられるほど、とても心地よいのです。

第3章

心と空間を浄化する
「音」のワーク

CDを使った浄化ワークをするにあたって

それではここから、サウンドヴォイス・ヒーリングの実践に入っていきましょう。

最初は音によるワークから始めていきます。

音のワークは簡単。リラックスしながら、音に耳を傾けるだけでいいのです。

あなたは本書に付属されている、CDを取り出してセットし、指定のトラックを流すだけ。すると自然に浄化されます。

CDを流す前に、それぞれの音で使っているツールをご紹介していきます。

それぞれの楽器により、成分や効用などが異なりますが、豊かな倍音が含まれた音の振動により、細胞レベルにまで音が届き、肉体や魂を癒し浄化してくれます。

もちろん、音の振動は、空間全体にも行き届きますので、空間の浄化もしてしまいます。

本書付属 CD の使い方

※本 CD のご使用は、車やバイク、自転車などの運転中には控えてください。また、体調がすぐれない場合もご使用はお控えください。

このあと紹介する各ワークで、
指定のトラックを聴いて浄化してみよう

サウンドヴォイス・ヒーリングで使うもの1

音叉《おんさ》

まず、サウンドヴォイス・ヒーリングで使っているのが「音叉《おんさ》」です。

音叉は、チューニングフォークやヒーリングチューナーとも呼ばれ、U字型をした金属の器具です。

ヒーリングで使えるよう改良された音叉は、純音と倍音の響きをピンポイントで当てられるのが特徴で、セラピーなどで使われます。

欧米では病院の中に音叉療法が取り入れられているところもあり、経絡、臓器、脳波、チャクラ、惑星など用途に対応した周波数でつくられている音叉などさまざまな周波数の音叉があります。

音叉がすごいのは、精密な周波数を特定して、微細な振動が細胞そのものにダイレクトに長く届くことです。音叉を鳴らした直後は、倍音も鳴り、だんだんと基音だけが残っていきます。鳴らし方によっては、倍音を豊かにすることも可能です。

音叉の上のほうで叩くと倍音が豊かで、持つところに近い下のほうで叩くと基音が出ます。
CDトラック1ではクリスタルチューナーと呼ばれる4096Hzの音叉、トラック3ではDNAチューナーと呼ばれる528Hzの音叉を使用しています。詳しい説明は88ページと130ページをご覧ください。

サウンドヴォイス・ヒーリングで使うもの2

惑星（プラネタリー）ハンドチャイム

惑星ハンドチャイムは、惑星の周波数に合わせてあり、とっても美しい響きです。倍音も豊かで伸びがある優しい音をしています。

特に体の外部への刺激や調整に良いとされ、壁にしみついた邪気まで浄化してしまうともいわれています。

「惑星と何が関係するの？」と思う方も多いでしょう。

皆さまで血液型占いや星座など気にしたりする方はいませんか？

私たちの人生や生活スタイルに影響を与えているのが惑星でもあるのです。付属のCDで音をお楽しみいただけます。

惑星についての詳しい説明は160ページでしています。

CDのトラック6～13では、浄化のパワーをくれる新月や満月、自信のパワーをくれる太陽、良いタイミングをつかむパワーをくれる水星、愛と美しさのパワーをくれる金星、行動力のパワーをくれる火星、成功のパワーをくれる木星、安定のパワーをくれる土星の音を使用しています。

それぞれの惑星が異なった音色なのできっと好きな惑星の音に出逢えるはずです。

サウンドヴォイス・ヒーリングで使うもの3

シンギングボウル

シンギングボウルは、チベット密教で使われている仏具の一種で、高品質な7つの金属（金・銀・鉄・水銀・錫・銅・鉛）でつくられています。

金は太陽、銀は月、鉄は火星、水銀は水星、錫は木星、銅は金星、鉛は土星と対応しているものやチャクラに対応しているものなどがあります。

最近では、手製と機械製のシンギングボウルがあります。ハンドメイドの金属製のシンギングボウルはどれひとつとして同じ音はありません。シンギングボウルの響きは、深い癒しをもたらし、精神的な浄化もしてくれます。

シンギングボウルは、ものにもよりますがビル一棟を浄化する力があるともいわれています。

音はパワフルで、精神的な癒し、意識の覚醒といった効果があります。

シンギングボウルを奏でてみるとわかりますが、雑念があるとうまく奏でられませ

ん。鳴らすには慣れが必要ですが、深呼吸をして、心を落ち着かせましょう。
　音を奏でるちょっとしたコツは、体感しながら自分でつかんでいけるので、どんな方も奏でられますし、集中力が養われます。
　骨の奥、骨細胞にまで届けることができます。
　この音は、CDトラック3で使用しています。

サウンドヴォイス・ヒーリングで使うもの4

クリスタルボウル

クリスタルボウルは、高純度の水晶を主原料としてつくられた聖なる楽器です。水晶の含有率が99・9～100％製の乳白色のものから、多種多様なパワーストーンや貴金属や鉱物を混入してつくられたカラフルなクリスタルボウルなどがあります。

お部屋に置いておき、眺めているだけでも癒されてしまうでしょう。

パワーストーンも眺めているだけでいろいろな気づきがあったりしますよね。同じように、クリスタルボウルも石の素晴らしいパワーがいっぱいでさらに美しい音まで奏でられてしまいます。

これもチャクラに対応されているものや、愛の活性化や宇宙の架け橋などさまざまな音のクリスタルボウルがあります。

クリスタルボウルの響きを聴くことで、脳波と意識が活性化されます。

シンギングボウルと同様に、ビル一棟を浄化する力があるといわれています。

音叉に比べ、音はパワフルで、精神的な癒し、意識の覚醒といった効果があります。高い領域の響く音が特徴です。

リラクゼーションや癒しへと導いてくれるでしょう。

この音は、CDトラック14で使用しています。

サウンドヴォイス・ヒーリングで使うもの5

パイプグロッケン＆エナジーチャイムバー

パイプグロッケンは、パイプでつくられた鉄琴のようなもので、正式名はドイツ語で「パイプグロッケンシュピール」といいます。

倍音がとても豊かで、残響音が長く続きます。脳が一気にトロけてしまうような重厚で温かい音色が特徴で、精神的なリラクゼーションの効果がとても高く、脳を活性化してくれます。

このパイプグロッケンは、ＣＤトラック14で使用しています。

エナジーチャイムバーは、「バーチャイム」というとわかる方もいるかもしれません。よくドラムの横に置いてある細い鉄が20～30本ほどついている楽器です。

この細い鉄を、一つひとつ木の土台に載せてヒーリング用につくられたものがエナジーチャイムバー。より倍音が多く出るように開発されていて、かなり高めの音で長く響き、キラキラキラキラ〜ッとまるで星が降ってきそうな可愛らしい音がします。

チャクラやソルフェジオ、惑星の音階などに合わせてあるものまであります。

エナジーチャイムバーは、体の外側や聴覚を調整し、音叉の効果をより高めてくれます。CDトラック5でそれぞれのチャクラに合わせエナジーチャイムバーを使用しています。

パイプグロッケン

エネジーチャイムバー

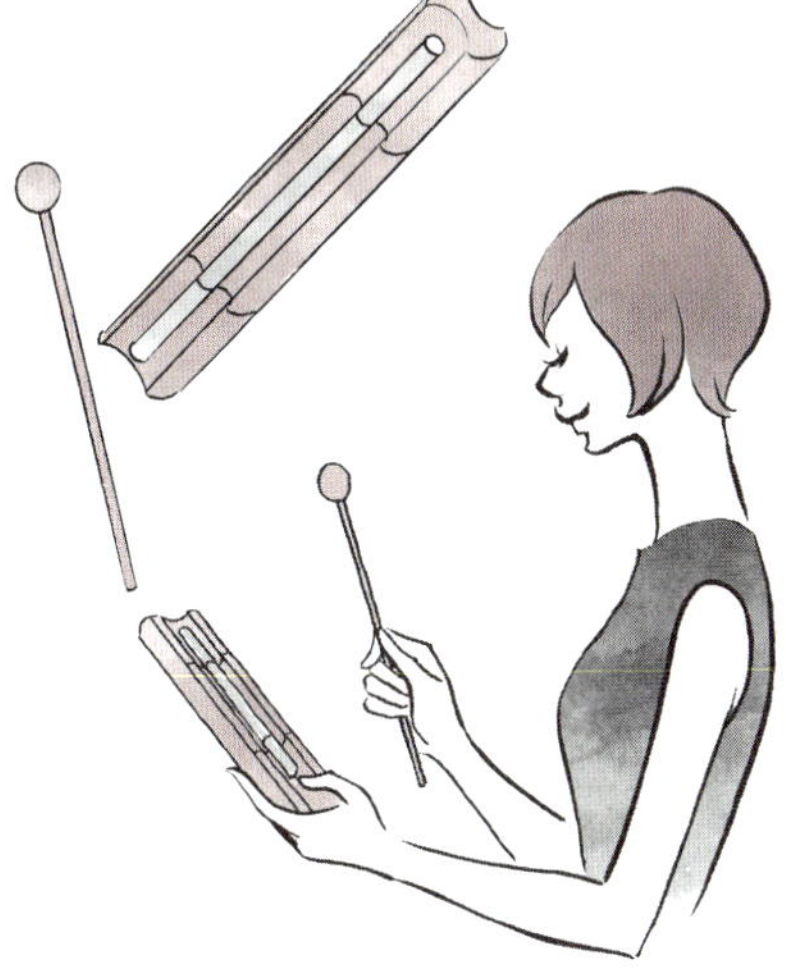

心身を浄化するワーク

水の音を聴きながら4096Hzの音叉で浄化する

まずは、CDのトラック1を再生してみてください。浄化力のある滴る水の響きと一緒に、1秒間に4096回振動する音叉の音が流れてきます。

4096Hzの音叉は「クリスタルチューナー」とも呼ばれます。それは名前のとおり水晶（クリスタル）で叩いているからです。

水晶には、浄化・開運・願望成就・魔除け・調和・心を清める・肉体を清める・魂の純粋化などの意味があります。

この水晶でクリスタルチューナーを叩くと、水晶が持つ柔らかく包み込むような音と、4096Hzの振動によって、高次な音が生まれます。「キ〜ン」と高い音色が鳴り、心身のバランスを整え、邪気を払うことができます。

地球の振動数である8Hzの9オクターブで生まれた倍音が、中枢神経に働きかけて、心身ともにリラックス効果をもたらしてくれます。

ロシアの作曲家のアレクサンドル・スクリャービンは、この音を「天と地を結ぶ天使の扉のような美しく幸福感にあふれた音階だ」と表現しました。

朝の満員電車のあとや、疲れてしまったり、悪いエネルギーになってしまったり、仕事でにつまったときは、パパッとこの音を聴くことで、簡単に浄化できます。

また、お部屋の空気が悪くなったと感じたら、この音を流して空間の浄化を行ってみてください。

クリスタルチューナーは、音叉を回すことで次のような効果が発揮されます。

左回りだと、エネルギー解放。痛みのエネルギーが抜けます。

右回りだと、エネルギー吸収。元気エネルギーが入ります。

CDではまず左回転で音を鳴らし、邪気を抜いたあと、右回転で天のエネルギーを入れていきます。

① リラックスをして、CDトラック1を聴いてみてください

② お部屋の中のネガティブな黒いエネルギーが、音叉の音と水の音で浄化され、キラキラしたエネルギーに変わっていくのを味わってください

脳波を調整するワーク

アルファ波とベータ波の音叉で脳波を変える

ここではCDのトラック2を再生してみてください。

脳波の音叉には、基音となるものと、各脳波（ガンマ波・ベータ波・アルファ波・シータ波・デルタ波）に対応した6本の音叉があります。

ここでのワークは、脳を「リラックス」させ、さらに「仕事への集中力をアップ」させる脳波になる音をお楽しみいただけます。

働きすぎの脳も休憩が必要です。脳をリラックスさせ休ませることで、仕事に集中したときに仕事がはかどり、良い閃きも起こりやすくなります。あなたの持つ力をより発揮できるようになるのです。

トラック2では、基音とアルファ波とベータ波の3本の音叉を使用しています。周波数の異なる2本の音叉を同時に鳴らすと、バイノーラルビート（3番目の音）が生まれ、聴いているだけで脳波を調整し、リラクゼーション&活性化へと導きます。

①目を閉じてCDトラック2の音に耳を傾けてみましょう
②音が終わったら大きく深呼吸をします
③最後に自分自身に「ヨシッ！　やるぞ！」と声をかけましょう

感情を浄化する
ワーク1

悲しい曲を聴き、感情を浄化する

同質の音楽を聴きながら自分の感情と寄り添うと、感情が癒され、修復されます。「同質の音楽を聴きながら感情に寄り添う」というのは、たとえば悲しいときには、どっぷり悲しい曲を聴き、自身の感情と音楽を一致させるというもの。

音楽に自分の感情を代弁してもらいながら、泣きたかったら泣いて、ただただ感情にだけ寄り添います。

このとき、深く考えすぎる必要はありません。

「あ〜、私はいま悲しいんだね」と考えるだけでいいのです。そのあとに、「なんで悲しいの？　どうして？」など深く掘り下げていかなくても大丈夫です。

気分が落ち込んだときに聴くと良い曲は、落ち込んだ気持ち（悲しい・切ない・苦しいといった感情・不安）に寄り添える曲が良いです。弦楽器は、悲観と楽観との溝を埋めてくれ、音から大いなる希望が生まれるといわれます。

もちろん、はじめは何度聴いても明るい兆しなど見えてこないかもしれません。でもそれでいいのです。その落ち込んだ気持ちに寄り添ってあげる時間も大切なのです。自分が一番に自分の味方でいてあげましょう。

①　胸に手をあてて「私、どう感じる？」と自分に問いかけます

②　その感情にあった音楽（曲）を流します

③　音楽が感情を動かすので、それに流されてみてください

感情を浄化するワーク2

シンギングボウルで怒りの感情を浄化する

仕事やプライベートの中で、さまざまな怒りの感情が出てきますよね。これはごく自然なことで、悪いことではありません。ただそのままにしていると、悪いエネルギーの状態になり、日常生活に支障が出てきます。

ここでは怒りの浄化法をやってみてください。

今回使っているのは、シンギングボウルです。

私も怒りの感情が出てきたときは、深呼吸をして、シンギングボウルの音を奏でながら、無心の時間をつくって心を落ち着かせます。

怒りのピークは6秒ともいわれていて、その後は「怒り」に意識を向けていたことがどんどん違うほうに意識が変わってきます。そうするとだんだん落ち着き、冷静にもなれるはずです。

①ひとりになれる空間に脱出します
②自分の怒りの感情に寄り添ってあげましょう。深掘せず寄り添うだけでOK
③CDトラック3を使って、シンギングボウルの音を聴きます
④次に、CDトラック1の4096Hzの音を聴きます
⑤最後に大きく深呼吸して完了

また、怒りの感情にはバッハの「トッカータとフーガニ短調」などのパイプオルガンの曲などを聴くことによって、肉体的にも精神的にも正常に戻してくれます。

感情を浄化する
ワーク3

「幸せになりますように」という言葉の周波数で浄化する

ハワイの伝統的な問題解決方法「ホ・オポノポノ」も感情の浄化に使えます。

これは「ありがとう・ごめんなさい・許してください・愛しています」という言葉の「音」と言霊が、問題解決へと導いてくれるものです。

ときに、怒り爆発後に少し冷静になると、自分が「怒らせちゃった……」「もっとこう言えば……」とちょっと反省して凹んでしまうときってありますよね。

感情を出した自分に寄りそいながら相手の幸せも想い、言霊を乗せると、エネルギーが良い方向に向かいます。

これは小さな声でも大丈夫です。口に出せないときは、心の中で唱えましょう。そうすると、全身からその周波数を発することになります。

何度も唱えていると怒りが不思議と静まってきます。その場で効きめがなくても、時間差で相手の心に届くのです。

①　まず自分自身に「怒ったことで自分自身が傷ついちゃったね、ごめんね。私の心も体も頑張ってるね、ありがとう」と唱えます

②　次にお相手に「○○さん、ごめんなさい」と唱えます

③　お相手の幸せを100％想えなくてもいいので、「○○さんが幸せになりますように」と30回唱えましょう

④　胸のあたりが少し軽くなったら完了です

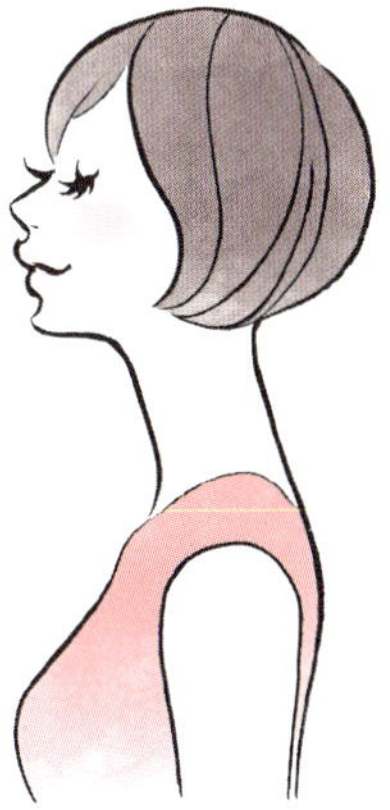

空間を浄化するワーク

音で空間を浄化する

オススメする空間浄化法が2つあります。

ひとつは、柏手《かしわで》です。私たちの手を使って、空間の邪気を払うことができます。神社に行くと、二礼二拍手しますよね。そう、あの「パン、パン」と叩く柏手で邪気を払うことができます。神社は、神様とつながれる神聖な場所。だから清めた状態でご挨拶をします。そのための柏手です。

お部屋の中がなんだか重い感じがしたり、「居心地が悪いなぁ」と感じたりしたら、「パンッパンッパンッ」とお部屋の四隅に柏手を打ってみてください。

クリアになった空間では、音の音色が柏手ですら変わってきますので、キレイな音色の柏手が聴こえるようになったら、空間浄化ができた証拠です。

もうひとつが、和太鼓の音です。和太鼓は、古来より邪気払いに使われる素晴らしい楽器です。和太鼓の音を聴くことで、空間はもちろん心も浄化されます。
和太鼓の音は、体の中にまで響いてきます。目の前で聴いているイメージ、音が全身に入ってくるイメージをしながら音楽を聴くとさらに効果的です。

もちろん、先ほどご紹介した4096Hzの音叉も空間の浄化に使えます。CDのトラック1を流してお部屋を浄化してみてください。

第4章

すべてを浄化し、エネルギーを高める「声」の魔法

声の力が、全細胞を浄化する

ここまで「音」を使った浄化と、そのワークについてお話ししてきました。

次に行うのは「声」を使った浄化です。

「なぜ、声を出すことが浄化になるのか」と思いますよね。声は、自分の中に溜まったエネルギーを外に吐き出すことができるからです。

声帯を振動させて出す声は、のどだけでなく、体にある骨や体内の水をも振動させ、全身、いってしまえば全細胞を揺らし、浄化を促すことができます。

そもそも、声の中には、目には見えないさまざまな情報が含まれています。体格・性格・才能・心の中といったことまでわかってしまいますし、あなた自身を癒す最高の楽器でもあり、周りの人をも癒してしまうものでもあるのです。

声は楽器なので、使い方や鳴らし方のコツをつかめばつかむほど、どんどん良い音色の声になっていきます。

声は身近にありすぎて、そのすごさや重要性に気づかれていない方が多いです。

「じゃあ話し声だけでも浄化ができているの？」

「私は普段から良く話しているから浄化できているはず」

と思った方もいるかもしれません。

残念ながら答えはノーです。話しているだけでは浄化されません。声の浄化は決して難しいものではありませんが、コツがあるのです。声を使った浄化は、誰でもすぐにできるものなので、ぜひしっかりとやり方を学んで試してみてください。


北インドの音楽の巨匠ハズラト・イナーヤト・ハーンは、**「声とは、プラーナが外部に現れたもの」**といっています。

プラーナとは、生命のエネルギーのことです。一人ひとりの持つ生命エネルギーの表れだと思うと、人の発する声がとてつもなく愛おしく感じます。

声を出すことは、体の中の悪いエネルギー（邪気）を吐き出すこと
自分や周りの人を癒す最高の楽器を使いたおそう

倍音が与えてくれる5つのすごいパワー

まず、倍音が体に与える効果にはいったいどんな効果があるのか見てみましょう。

①細胞に音の振動が届き、高い癒し効果がある
②自律神経を安定させる効果がある
③脳を活性化させる効果がある
④心身のリラックス効果がある
⑤脳波をシータ波に導き、夢の実現に効果がある

つまり、ストレスが軽減し、リラックスでき、自然治癒力も高まり病気にもなりにくい体になっちゃうのです。耳からは聴こえなくても、全身で音を聴き、どんどん豊かな倍音を味わって健康になってしまいましょう。

古くから、私たちは声に出すことで信じがたいことが起きたり、体の不調部分が調整されたりすることをわかっていたのです。

たとえば、日本には祝詞があり、インドにはマントラがあり、仏教では般若心経があり、キリスト教には讃美歌があります。声にパワーがあるからこそ古く昔から受け継がれてきているのだと思います。

実際、声の力により、体の不調が改善される方や直観力が発達する方もいます。心が穏やかになり発想転換できたり、願望を叶えてくれたり、心身ともに清めることができたりします。

倍音にはさまざまなパワーが含まれている
声を出すことで、倍音パワーをたっぷり浴びてみましょう

倍音はさまざまな音に含まれていますが、発声による倍音はさらにすごい効果が得られます。その理由は、空気を通じて届く倍音と、体の中から振動する倍音の両方が伝わるからです。外側と内側から響く倍音エネルギーが混ざり合い、パワーがより増幅されていきます。声の浄化のパワーの源は、ここにあるのです。

声を出すことと深呼吸は、古いエネルギーのクリーニング

声は、吐く息にのせて声が出てきます。

吐く息が「もう限界〜」というところまで声をのせていくと、今度は息を吸いますよね。自然と深い深呼吸ができるようになります。

大自然の中にいって深呼吸するととっても気持ちが良いですよね。体の緊張もとれ、体の中もキレイにしてもらえるようでとっても心地よいものです。深呼吸をしているだけでもストレス解消になってしまうくらいです。

残念ながら、私たちは普段の生活で浅い呼吸になってしまいがち。日本語は、腹式呼吸を使わずに発音できてしまう言語なので、英語圏の人にくらべて呼吸が浅くなりやすいといわれます。

息を吐く時間が長ければ長いほど、より効果的に副交感神経優位に切り替えることができます。

郵 便 は が き

料金受取人払郵便

牛込局承認

1022

差出有効期限
平成29年 5 月
31日まで

162-8790

東京都新宿区揚場町2-18
白宝ビル5F

フォレスト出版株式会社
愛読者カード係

フリガナ お名前	年齢　　　歳 性別（ 男・女 ）
ご住所　〒 ☎　　（　　　）　　　　FAX　　（　　　）	
ご職業	役職
ご勤務先または学校名	
Eメールアドレス メールによる新刊案内をお送り致します。ご希望されない場合は空欄のままで結構です。	

フォレスト出版の情報はhttp://www.forestpub.co.jpまで!

フォレスト出版　愛読者カード

ご購読ありがとうございます。今後の出版物の資料とさせていただきますので、下記の設問にお答えください。ご協力をお願い申し上げます。

●ご購入図書名　「　　　　　　　　　　　　　　」

●お買い上げ書店名「　　　　　　　　　　　　　」書店

●お買い求めの動機は？

1．著者が好きだから　　2．タイトルが気に入って
3．装丁がよかったから　　4．人にすすめられて
5．新聞・雑誌の広告で（掲載紙誌名　　　　　　）
6．その他（　　　　　　　　　　　　　　　　）

●本書についてのご意見・ご感想をお聞かせください。

●ご意見・ご感想を広告等に掲載させていただいてもよろしいでしょうか？

□YES　　□NO　　□匿名であればYES

深呼吸すると心が落ち着くのは、副交感神経が優位になり、末梢の血流が増加し、血流が良くなる結果、筋肉が弛緩して体がリラックスするからです。

私たちは、普段の生活においても、声と深呼吸をリラックスだったり、心を落ち着かせたりするために使っています。

ここぞというときは、大きく深呼吸して「ヨシッ！」と自分に気合いを入れたり、緊張したときも大きく息を吸って、吐く息とともに「フゥゥゥ〜」と声を出して緊張をといたりしますよね。

深呼吸をするだけで体の中にわだかまった想いや感情もキレイにクリーニングしてくれるのです。

悪いエネルギーは、深呼吸で吐き出せる
声を出すことと深呼吸は、体のクリーニング

ハミングが体に与えるミラクル

ハミングは、「ン〜」と鼻から歌う感じというとわかりやすいでしょうか。ハミングをすると、声帯が振動してのどの緊張がほぐれてきます。ハミングをしながら体のいろいろな箇所を響かせていきましょう。

特に、ハミングは、体の振動を感じやすい発声。音程を高くしたり、音程を低くしたりして「今ここが振動している」と体の内側を感じとってみてください。

感じとりにくい方は、実際に手を当ててみると振動している場所がつかめると思います。鼻に音の振動を届け続けると、鼻がムズムズしてきます。声で、鼻づまりも解消されます。

しかも、邪気は右側と左側の鼻の穴がつながる箇所（目頭の横）に溜まりやすいのです。振動することによって、ブルブルブルッと体の中に溜まった邪気をふるい落としてくれます。

もうひとつあるハミングのすごさは、簡単に思考がストップできること。頭の中もキレイに浄化してしまいます。慣れてくると、脳に響く場所が動いてきたり、ほわ〜んとした感覚が出てきたりするはずです。

普段の生活では胸式呼吸になりがちですが、ハミングで声を出すことで、自然と腹式呼吸にもなり、さらに深呼吸にもなります。

さきほど書いた通り、深呼吸は自律神経を整えてくれますし、副交感神経が優位となり、血流が良くなり、筋肉が緩まって体がリラックスしてくれるのです。

声のエネルギーが脳内を駆け巡りますので、少しの間ハミングを続けているだけで陶酔感をもたらします。

肉体的にも、精神的にもリラックスし、心に余裕が持てるようになります。つまり、感情をコントロールしやすくもなるのです。

ぜひ136ページのワークでやってみてくださいね。

ハミングは、全身を浄化する 思考が停止するので、瞑想にも良い

声とチャクラ（エネルギーポイント）の関係

本章の最後に、大事なチャクラについてのお話をさせていただきます。

チャクラという言葉をご存じでしょうか。古代インドで使われていたサンスクリット語で「光の輪」や「回転する渦」という意味です。

この時点で、「え～、スピリチュアル？」って思われた方は待ってください！

ツボといったらスピリチュアルだと思いますか。

チャクラはエネルギーポイントと呼ばれるもので、エネルギーが渦を巻きながら出たり入ったりするツボのようなものです。

実は、**幸運美人になるためにはチャクラは大切なカギ**となります。

私たちの体内にエネルギーを取り入れたり、必要のないエネルギーは排出したりする役割を持っているのがチャクラなんです。

イメージとしては、ダイソンの掃除機のように渦を巻いてエネルギーが出たり入ったりしています。変わらない吸引力だったらいいのですが、体調や環境や状況によってはチャクラの活性度合いも変わってきます。

チャクラが活性化していないと、エネルギーをうまく入れることができなくなったり、うまく出すことができなくなったりして、流れが滞ってしまいます。

そうして活力が低下したり、不運を招きやすくなったりしてしまうのです。

私たちの体には、おおまかに分けて7つのチャクラがあるといわれています。おおまかに分けてといった理由に、ものすごい数のチャクラが背骨にそってあるといわれるからです（注　チャクラの数に関しては7～30個以上とさまざまな文献がありますが、本書では7つとしてお話をしていきます）。

この7つのチャクラは、すべてのチャクラがそれぞれバランス良く渦を巻いて回転をしていることにより心身ともに健康が維持されます。健康というのは、肉体的な健康だけでなく、心も健康であることで本来の健康（Body　Mind　Soul & Spirit の三位一体）といえます。ストレスとのバランスもうまく調整できる体、心も体も絶好調で、幸運がどんどん舞い込んでくる健康な体です。

7つのチャクラを活性化するひとつのツールとして、オススメなのが音叉です。なぜかというと、音叉の周波数は誰が鳴らしても一定の周波数を届けることができるからです。

ここではワークを行いません。

それぞれのチャクラに対応する音、色、臓器やパワーストーン、感情面、惑星をまとめましたので、何かピピッとくる言葉があった場合は、ぜひそのチャクラを覚えておいてください。

チャクラとは、エネルギーの出し入れが行われるポイントのこと
7つのチャクラを活性化すると、心・体・魂も健康になる

チャクラを浄化してみよう

チャクラとは？

古代インドのサンスクリット語で「光の輪」や「回転する渦」。

チャクラはエネルギーポイントと呼ばれるもので、エネルギーが渦を巻きながら出たり入ったりするツボのようなもの。

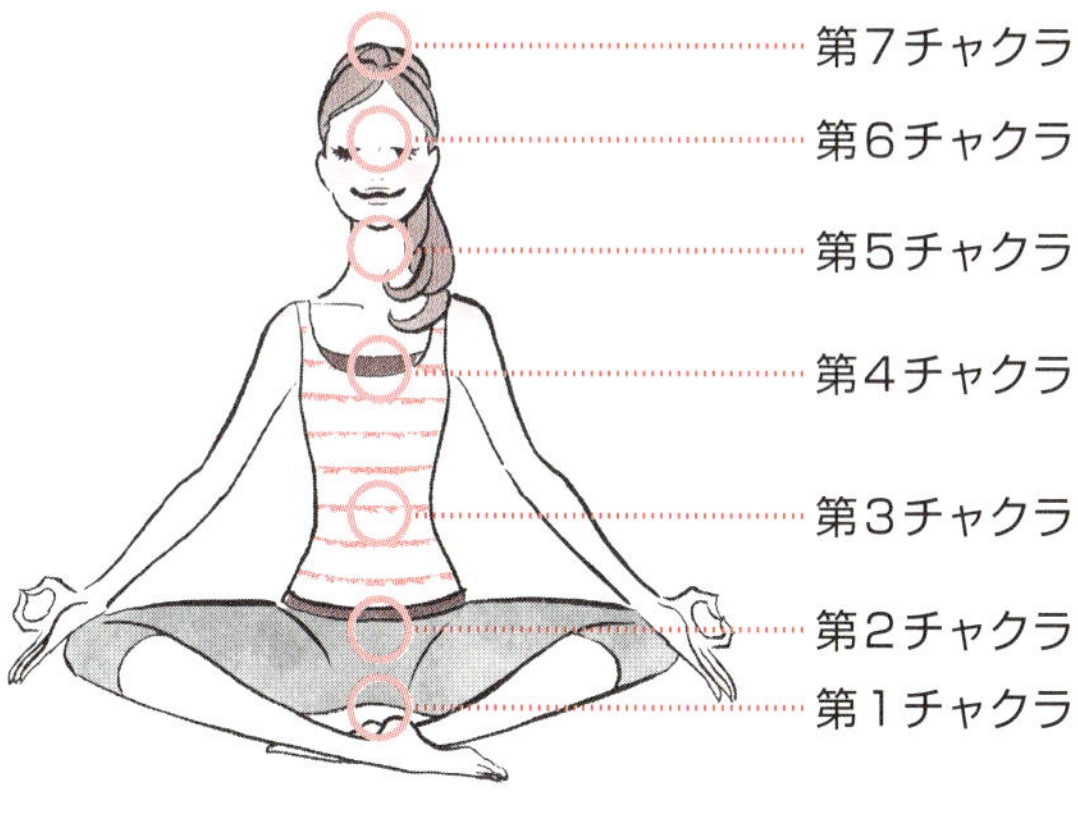

7つのチャクラを音と声で活性化しよう

第1チャクラ「情熱・生命力」のパワーを上げる

第1チャクラは、生きる希望と気力が湧いてくるところです。第1チャクラのバランスを崩してしまうと、次のような感覚が出てきます。

- □ **やる気がでない、集中力が落ちている**
- □ **疲れはててしまっている**
- □ **行動するのが恐い**
- □ **落ち着きがなく、じっとしていられない**

もしこういった感覚がある場合は、第1チャクラを浄化し、元気にしてあげましょう。地に足がつくことで、すべてのことを現実化しやすくなり、何でも成し遂げるパワーが出てきます。

第１チャクラ
「情熱・生命力」のパワーを上げる

色	赤
位置	尾てい骨
対応する体の部位	坐骨神経、腰筋、前立腺、下脚、足首、足、足指、骨盤、直腸、肛門
音	Ｃ（ド）、１９４．１８Ｈｚ
石	ルビー、ガーネット、カーネリアン
惑星	土星
アロマオイル	シダーウッド、ジンジャー、ミルラ、パチュリー、ローズウッド
精神、感情面の問題	生命力、情熱、勇気、交際力、友好性、楽観主義、自己中心的、依存心、こだわり、外交性、活気、興奮、成功へのパワー
エネルギー	現実を動かしていくためのエネルギー

疲れて元気が欲しいときはココ

第2チャクラ「感受性・物欲」のパワーを上げる

第2チャクラは、楽しむ力、喜ぶ力、交流の力が湧いてくるところです。第2チャクラのバランスを崩してしまうと、次のような感覚が出てきます。

- □ **自分に自信がない**
- □ **食べ物・セックス・お酒などに依存してしまう**
- □ **ひとりぼっちで孤独だと感じる**
- □ **NOとうまくいえない**

もしこういった感覚がある場合は、第2チャクラを浄化し、元気にしてあげましょう。私たちはひとりでは生きていけず、支え合っています。第2チャクラが元気になると、人との付き合いを通して喜びと幸せを感じられるようになります。

第2チャクラ
「感受性・物欲」のパワーを上げる

色	オレンジ
位置	おへその３センチ下くらい
対応する体の部位	腎臓、尿管、小腸、リンパ、大腸、盲腸、腹全体、上脚、虫垂、生殖器、卵巣、子宮、睾丸、膝、膀胱
音	Ｄ（レ）、２１０．４２Ｈｚ
石	サンストーン、アンバー、アラゴナイト
惑星	冥王星
アロマオイル	イランイラン、オレンジ、ジャスミン、シナモン、クラリセージ
精神、感情面の問題	信頼、感受性、交際力、楽観、非難、罪悪感、お金、セックス、力、支配、創造性、人間関係での倫理、尊厳
エネルギー	自分らしい充実した人生を生み出すエネルギー

恋をするときはココ

第3チャクラ「個性・自信」のパワーを上げる

第3チャクラは、自信がつき、自分の意志で行動する力が湧いてくるところです。第3チャクラのバランスを崩してしまうと、次のような感覚が出てきます。

- □ **怒りや嫉妬で気がおかしくなる**
- □ **人に認められないと安心できない**
- □ **自分をつい無理させてしまう**
- □ **人のせいにしたくなる**

もしこういった感覚がある場合は、第3チャクラを浄化し、元気にしてあげましょう。人がどうであろうと自分の意志を大切にし、個性がより輝きだします。ワクワクに満ちた人生になります。

第3チャクラ
「個性・自信」のパワーを上げる

色	黄
位置	胃
対応する体の部位	肝臓、血管、胃、膵臓、十二指腸、脾臓、横隔膜、副腎、腎臓、膵臓
音	E（ミ）、126.22Hz
石	シトリン、レモンクウォーツ、トパーズ、タイガーアイ、ムーンストーン
惑星	火星・太陽
アロマオイル	レモン、グレープフルーツ、ジュニパー、タイム、レモングラス
精神、感情面の問題	喜び、楽しみ、プラス思考、信頼、恐れ、脅迫自尊の念、自信、自分や人を大切にすること、決めたことに対する責任、批判への反応、個人の尊厳
エネルギー	自分らしさを見出すためのエネルギー

自信をつけたいときはココ

第4チャクラ「喜怒哀楽」のパワーを上げる

第4チャクラは、思いやる心や愛ある優しさの力が湧いてくるところです。第4チャクラのバランスを崩してしまうと、次のような感覚が出てきます。

- □ 人の目を気にしすぎる
- □ 抱えている心の痛みが消えない
- □ 愛することが怖い
- □ 心を閉ざしてしまう

もしこういった感覚がある場合は、第4チャクラを浄化し、元気にしてあげましょう。自分自身、周りの人をもっと好きになれ、寛大な心を手に入れることができます。その結果、豊かでバランスのとれた人間関係が築けます。

第４チャクラ
「喜怒哀楽」のパワーを上げる

色	緑
位置	胸
対応する体の部位	前腕、肘、手、指、気管、食道、心臓、冠状動脈、肺、気管支、胸筋、乳房、胆、胆管
音	Ｆ・Ｆ♯（ファ）、１３６．１Ｈｚ
石	アヴェンチュリン、エメラルド、ローズクウォーツ、インカローズ
惑星	金星
アロマオイル	ローズ、ラベンダー、ローズマリー、ベルガモット、マジョラム
精神、感情面の問題	リラックス、癒される気持ち、休養、安心感、愛と憎しみ、拒絶感、反感、悲しみ、怒り、自己中心、寂しさ、コミットメント、許し、慈しみの心、信頼、希望
エネルギー	自分らしさを取り戻すためのエネルギー

不眠・イライラのときはココ

第５チャクラ「自己表現・創造性」のパワーを上げる

第5チャクラは、表現する力や創造する力が湧いてくるところです。第5チャクラのバランスを崩してしまうと、次のような感覚が出てきます。

- □ 言いたいことを抑え遠慮してしまう
- □ 自分の進むべき道がわからない
- □ 他人に厳しくなって批判してしまう
- □ 大声で話しすぎてしまう

もしこういった感覚がある場合は、第5チャクラを浄化し、元気にしてあげましょう。すると、創造力が豊かになり、より良くなるための選択肢がどんどん増えていきます。

第５チャクラ
「自己表現・創造性」のパワーを上げる

色	青
位置	のど
対応する体の部位	舌、頬、外耳、顔の骨、歯、顔面神経、鼻、唇、口、耳管、声帯、咽頭、首筋、肩、扁桃腺、甲状腺、肘、肩の関節、脳への血液供給機能、脳、頭皮、中耳、内耳、交感神経、脊髄神経、目、眼神経、内耳神経
音	Ｇ・Ｇ♯（ソ）、１４１．２７Ｈｚ
石	アクアマリン、ターコイズ、アパタイト、ブルートパーズ、ブルーカルセドニ
惑星	水星
アロマオイル	セージ、サイプレス、カモミール、ミルラ、シダーウッド、ユーカリ
精神、感情面の問題	意思、選択の力、自己表現、夢を追うこと、創造力、価値判断、批判、信心、知識、決断力
エネルギー	言葉で自分らしく表現するためのエネルギー

成功したいときはココ

第6チャクラ「直感」のパワーを上げる

第6チャクラは、自分の直感を信じて生きる力が湧いてくるところです。第6チャクラのバランスを崩してしまうと、次のような感覚が出てきます。

- □ **インスピレーションがなくなる**
- □ **記憶力・集中力が低下してくる**
- □ **嫌な夢をよく見る**
- □ **本質を見抜く力や判断力が落ちてくる**

もしこういった感覚がある場合は、第6チャクラを浄化し、元気にしてあげましょう。自分の内側の声、潜在意識からの声を大切にしながら、夢や目標に向かうことができるようになります。

第6チャクラ
「直感」のパワーを上げる

色	インディゴ（藍）
位置	眉間
対応する体の部位	目、眼神経、脳（記憶）、松果体、脳幹、脳下垂体、前頭
音	Ａ・Ａ＃（ラ）、２２１．２３Ｈｚ
石	アズライト、ラピス、ソーダライト、パープルフローライト、サファイア
惑星	海王星、木星
アロマオイル	バジル、タイム、ペパーミント、スプルース、サンダルウッド
精神、感情面の問題	まじめさ、冷静さ、観察力、推察力、頭の使いすぎ、理解力、自己評価、真実、知性の力、経験から学ぶ力、人の考えを受け入れること、感情の成熟度
エネルギー	インスピレーションをキャッチするためのエネルギー

運気を上げたいときはココ

第7チャクラ「宇宙意識」のパワーを上げる

第7チャクラは、精神性を高める力が湧いてくるところです。第7チャクラのバランスを崩してしまうと、次のような感覚が出てきます。

□ **皮肉ばかりいってしまう**
□ **スピリチュアルに依存してしまう**
□ **何をやっても空回りする**
□ **すぐに物事を諦めてしまう**

もしこういった感覚がある場合は、第7チャクラを浄化し元気にしてあげましょう。自分をより高め、理想となるものを現実化していくパワーがついてきます。しかも、天が味方してくれて良い方向に導いてくれます。

第7チャクラ
「宇宙意識」のパワーを上げる

色	紫、もしくは金、もしくは白
位置	頭の頂上
対応する体の部位	大脳皮質、脳幹、脳下垂体
音	B（シ）、172.06Hz
石	アメジスト、クリアークウォーツ、ダイヤモンド、セレナイト
惑星	天王星
アロマオイル	ロータス、シスタス、フランキンセンス、ローズ、ミルラ
精神、感情面の問題	人生に対する信頼、価値観、倫理、勇気、人道主義、自己犠牲の精神、信心、ひらめき、大きなパターンを見る力、霊性、献身
エネルギー	大きな視点を持つためのエネルギー

精神性を高めたいときはココ

第5章

細胞と体を浄化する「声」のワーク

細胞を浄化する
声のワーク

５２８Ｈｚの音叉と声で細胞を浄化する

私たちの体は、約60兆個もの細胞からできています。

細胞とは、生命体を構成する最小単位。私たちの骨も、髪も、爪も、筋肉も、すべてそれぞれ異なった細胞ではありますが、遺伝情報が刻まれたＤＮＡを持っている細胞膜でおおわれています。それが私たちの生命活動を維持してくれているのです。

この細胞にこびりついた邪気を払うための方法として、５２８Ｈｚの音叉を使います。１秒間に５２８回の振動をする音叉ですが、「愛の周波数」「壊れたＤＮＡを修復する」ともいわれています。

５２８Ｈｚの音は、喜び・信頼・勇気・成功とも切り離すことができない音です。

４０９６Ｈｚの音叉のように高い音ではなく、精神的にも肉体的にもリラクゼーションとなる周波数で、聴いているうちに眠くなってしまう優しい音色です。

一回一回響く５２８Ｈｚの音を最後までゆっくり耳を傾けて聴いてください。
音が小さくなればなるほど、反作用により音の情報量が増えるといわれています。
つまり、音の良いエネルギーが小さな音になってもたっぷり含まれています。

①ＣＤトラック４を使って５２８Ｈｚの音を聴きましょう。自分のエネルギー全体を５２８Ｈｚの音が浄化します

②今度は音がもっと体の中に浸透していくイメージをします。細胞に音が響き輝きだすイメージです

③今度は５２８Ｈｚの音程に合わせて「ウ～」とハミングをします

体内を浄化する
声のワーク1

低い声で体の内側を浄化する

まず、一番低い声を出してみてください。

低い声で深呼吸の吐く息にのせて「オ〜」と出します。そのときに、大切なのがイメージです。体の中に溜まったネガティブな想いを黒色にイメージして、口から声を出すと同時に黒いエネルギーをどんどん出してしまいましょう。

声には、無声音といわれる耳には聴こえない音があります。音は聴こえていなくても出ている音があるので、もう限界というところまで出しきります。これを3回ほど続けてみましょう。

決して美しい響きではありませんが、体の隅々までクリーニングしてくれます。慣れてくると、黒いエネルギーが出しやすくなって、回数も3回ではなく、1〜2回で十分です。感覚としては、声を出す前の感覚と、出し終わったあとの感覚の違いを体で感じます。スッキリした感覚があればＯＫです。

黒いエネルギーを出す声の浄化法

ひとりでやるときのワーク

①大きく息を吐いて、吐ききったら、息をゆっくりたっぷり吸う

②吐く息にのせて声を出す。低い音で「オーー」黒いエネルギーを体の外に出すイメージ

③これを3回ほどくり返します

ふたりでやるときのワーク

①ひとりのワークと同様に、低い音で「オーー」と声を吐く

②もうひとりは、声を出している人の背中全体〜足をポンポンポンと叩いてあげる。強さは、きつめがよさそうならきつめ、優しくでも十分効果があります（肩甲骨に邪気が溜まりやすい）。

のどにも負担がかかるので、体の力を抜いて声を出してみましょう

体内を浄化する
声のワーク2

歌で体内のエネルギーを浄化する

私のオススメする体内に溜まったネガティブ感情を浄化するワークは「ひとりカラオケ」です。これもサウンドヴォイス・ヒーリングになります。

歌うことではなく、実は、声を出すことが一番大切です。

ひとりで行くメリットは次のとおりです。

* 自分だけの世界に安心感が出てくる
* 人目を気にせず思いっきり歌うことができる
* 思いっきり感情に浸ることができる

悲しいときは悲しい曲を、怒っているときは怒りを爆発させる曲を歌ってみましょう。感情を声に出すことで、どんどん感情が吐き出され、感情の浄化ができます。

また、歌うことで第4チャクラ（胸）と第5チャクラ（のど）も浄化されます。

最後の一曲だけは、「こうなりたい！」と思えるポジティブな歌詞の歌を歌ってみてください。歌詞には言葉のパワー（言霊）があります。その言葉のパワーが体にも、心にも、もっと奥底にも入りやすいのです。

肉体的にも、カラオケは血液循環も良くなり、有酸素運動と同じ効果があります。お腹も肌も表情筋も引き締まりますので、メリットだらけなのです。

脳を浄化する声のワーク

ハミングで脳内革命！右脳と左脳のコリを浄化する

私はハミングこそ脳内革命だと思っています。なぜなら、ハミングは右脳と左脳を整えることができてしまうからなんです。

日本人は左脳を酷使しがちなので、右脳を活性化させるとバランスが良くなります。右脳も左脳も両方のバランスが整うことが大切です。たとえば、右脳だけ活性化しても、時間に遅れてしまったり、日にち感覚がなくなってしまったりします。左脳だけが活性化した場合は、頭がガチガチになってしまい、良いアイデアや閃きが出てこなくなって行き詰まってしまいます。脳は左右のバランスが大切なのです。

まず、単純にハミングだけをしてみてください。

2分くらい続けるだけでも、頭がトロけるような感覚を覚えるはずです。

次に、「右の脳に音のエネルギーがいくように〜」と意識してみてください。そうやってハミングをすると、脳の右側に音が流れるのを感じられます。

もし、右脳側に音が流れるのを感じられないときは、右の頭を触ってあげながらハミングをしてみてください。もしくは、目を閉じて、両目を右寄りに寄せると右側に流れていくのを感じられます。

右脳に音が流れるのを感じられたら、次に左脳側にも流してみましょう。

はじめは難しくても、どんどん感じられる脳になってきます。脳は、鍛えれば鍛えるほど活性化していきますから、くり返しやってみてください。

心身を浄化する
声のワーク

母音のパワーを使って邪気を払う

母音の「アイウエオ」を使って心身のパワフルな浄化を行っていきます。

母音を発声するときは、「ア→オ→ウ→エ→イ」の順番で行いましょう。

実は、この順番がとっても大切です。

これは神道に伝わる悪霊祓《ばら》いの中にも、この順序で唱えるものがあります。私たちが普段使っている五十音「アイウエオ」が、古神道では「アオウエイ」の順になっているのです。

何か嫌なことや、イラッとしたことがあったときは、「ア→オ→ウ→エ→イ」で心身の浄化を促しましょう。

「ア～」という母音は、頭蓋骨の頭頂部の骨が開き、神が降りてくるともいわれています（神が降りてくるから、頭髪のことを「かみのけ」という説もあるくらいです）。

確かに、何か悩みがあるときとか、イライラしたときとか自然と「あああああああ！！！」って叫んでしまうことがありますよね。あれにも意味があったのです。

日本語は、母音中心の言語で、この母音は倍音を加えやすいのです。

「アイウエオ」には、パワーがそれぞれあります。何気なくそのときの気分でどの母音かが目に入ってきたなら、もしかするとメッセージかもしれません。

ア―愛、新しいスタート、道を切り開く、広める、明るい、天
イ―命、生きる、輝く、意思、奇跡、行く、流れ、イキイキ、火
ウ―運、内側、嬉しい、うみ出す、決意、根源、意志、表現する、結
エ―枝分かれ、選択、得る、縁、描く、発展する、成長、進化、水
オ―落ち着き、穏やか、安定、大きい、維持、思いやり、感謝、地

さらに、母音を深い呼吸で発声することで、豊かな倍音が出てきます。

チャクラを開く
声のワーク

7つの全チャクラを活性化する

各チャクラは、私たちに学んで欲しいことを経験させてくれます。苦しさや、悲しさ、嬉しさ、もがき、葛藤などを経験することで、心も体も強くなり、美しい人に変化していきます。

人生のあらゆる経験は、あなたが幸せになるために必要な過程なのです。

CDのトラック5では、それぞれのチャクラの音が鳴り、聴くだけでもチャクラの浄化・活性化が行われます。

また、音程に合わせ声に出すことでよりパワフルな浄化・活性化をご体感いただけます。外側から聴こえる音のエネルギーと内側から発生する自分の音のエネルギーで相乗効果となるのです。

1曲の中にすべてのチャクラの音が入っており、あなたに必要なエネルギーが自動的に入ってきます。

この声のワークでも、母音で発声すると効果的です。138ページで紹介している通り、母音の持つパワーをご覧ください。

① まずCDトラック5を流し、エナジーチャイムバーの音をゆったりと深呼吸をしながら聴きます

② 音叉の音が鳴り始めたら、息を吐くとともに「ア〜オ〜ウ〜エ〜イ〜」と音と同じ音程の声を出してみましょう

③ 最後に好きな母音の音を発声し、パワーを注入しましょう

第6章

幸運美人になる引き寄せの
サウンドヴォイス・ヒーリング

あなたにとっての「幸運」を知ることが大事

浄化はここでいったん終了です。

次は良いエネルギーを入れていきましょう。

ただただ「幸せになりたい」と思うだけでは、幸せになれる道のりまで少し時間がかかってしまいます。

せっかく同じ時間が経過するなら、少しでも早く幸せになりたいですよね。

では、最初に次のことを考えて書き込んでみてください。


あなたが望むワクワク感じる「幸せ」はどんなものですか？

あなたが望む「幸せ」に対して、今いる現在地点は?

あなたの望む幸せをしっかりイメージしたり、文章で明確にすることで、より何が必要か、誰と話してみたいのか、何を勉強すればいいのか、どうやって行動すればいいのかなどが見えてきます。現在地点を知ることで、叶えるために必要な時間がザクッと出るため、行動力を加速させてくれるんです。

大きな「幸せ」も小さな「幸せ」も両方たくさん感じていただきたいです。そこに辿り着いてこそ、まさに「幸運」が味方についてくれます。

浄化ができたら、幸運美人になるためのステップに進もう
幸せのイメージを具体的にすると、幸せが勝手に近づいてくる

幸運エネルギーはこうしてやってくる～幸運の秘密～

幸運とは、一般的に運が良い、巡り合わせが良いなどのイメージがありますよね。

幸運のエネルギーは、多くの人を幸せにするために流れています。人間は、それを実現することができます。エネルギーもそれがわかっています。だからエネルギーは、多くの人を幸せにしてくれそうな人に流れるのです。

もちろん、いろいろな自然の流れも関係してきます。

その自然の流れは、160ページでお話しする惑星と関係しているのです。

もうひとつの秘密は、その幸せが多くの人を幸せにできちゃうことだと自然のエネルギーが動きやすいのです。

自然のあらゆる力が味方についてくれると、幸運が加速してきます。

たとえば、あなたが「100万円あげます」って言ったときに、

「ずっと欲しかったロレックスを買いたいんです」

という方と、

「その100万円で家族を人生初の海外旅行に連れて行って楽しませてあげたい」

という方だったら、どちらに100万円あげるでしょうか。

もちろん答えは、人それぞれ。でも、後者はひとりではなく全員が幸せになれるので、どうせならこちらにあげようと思うのではないでしょうか？

エネルギーも同じです。

自然のあらゆる力は、幸せになれる人が多いほうの手助けをしてくれます。

ポイントは、自分も幸せになりながら、多くの人も幸せにできることなのです。

幸運のエネルギーは、自然のエネルギーが影響する
自然のエネルギーは、より多くの人を手助けしようと働く

心も体もキレイになったら、最高の「幸運」を引き寄せよう！

第1章で書いたとおり、エネルギーは同質のものを引き寄せます。

最高の運気を引き寄せるためには、自分自身の内側も外側も浄化し、キレイになっている必要があります。

私たちは生きていますので、キレイな状態でいるためには、体の中に入ってくるエネルギーも上手に取り込み、必要のないエネルギーは外に出していきながら、心と体をキレイな状態にしておく必要があるのです。

それをしていると、キレイな肉体・キレイな精神のエネルギーに合った同じようなエネルギーしか引き寄せられなくなります。

そのためにも、キレイになって現時点での最高のエネルギーの状態にする必要があります。そうすれば、現時点での最高のエネルギーに合ったものが引き寄せられるのです。

「現時点の」というところもポイントです。

人のエネルギーは、下がったり上がったりします。

エネルギーは人格のようなものです。向上心や学びや経験、気づきなどによって上がっていきます。

若いころは、角があってついとがってしまっていた性格でも、大人になるにつれて丸くなり、優しくなってくる人もいますよね。

きっと好きな自分であったり、なりたい自分にどんどん変われていったりします。

そうなれたときにどんどんエネルギーが変わっていると思っていただけるとイメージしやすいかと思います。

ここからは、エネルギーを上げておくためにやるべきオススメの習慣をご紹介していきます。

エネルギーは変化するもの
常に良いエネルギーを取り込み、悪いエネルギーを吐き出そう

運気を上げるためにやるべきこと
1

神の時間を使う

昔の人は、「早起きは三文の徳」といいました。まさしくそのとおりで、早く起きるためには、早く寝ますよね。実は、アーユルヴェーダの世界では、朝4〜6時までを「神の時間」といいます。

朝早く起きることで、一日のスタートから豊かな時間を過ごせ、その日一日の流れがまったく変わってきます。充実感も変わってくるでしょう。

私たちは、朝日の光を浴びることで体内時計がリセットされます。朝日を浴びたあとから14〜15時間ほどすると睡眠の質を高めてくれるメラトニンという脳内物質が分泌され、自然と眠くなるのです。

運の良い人や成功している人の多くは、朝日を浴びている人が多いのです。

第6チャクラ（眉間）あたりに光を浴びさせると直感力が活性化するので、ぜひあなたも明日から朝日にチャレンジしてみてください。

正直にいうと私も、起きられないときがあります。それでもＯＫです。

エネルギーが上がるときはよく眠くなるものです。眠くなる理由は、潜在意識が置き換わろうとしているから。もちろん、単に疲れて眠いだけのときもありますが、せっかくなら、「エネルギーが上がっているのかも？」と思い込んで、自分の新たな可能性に意識を向けてみましょう。

運気を上げるため
にやるべきこと
2

五感を鍛える

私は、五感のすべてを鍛えることがとっても大切だと考えています。

五感をフル活用することで、直感力・洞察力が高まり想像力まで豊かになります。

そして、人生が好転していき、達成感や満足感や幸福感も増してくるのです。

聴覚の刺激は、ライブやコンサートに足を運んだり、CDなどで音楽を聴いたりすると良いでしょう。

普段聴かないような音楽のジャンルも聴くと、脳の普段とは違う部分が刺激されて活性化します。付属のCDを聴くだけでも活性化されます。

味覚の刺激は、楽しく「食事」をいただくこと。

食べたら「美味しい」といってみるのはオススメです。私は、食べることが大好きなので何でも「美味しい〜」といって食べています。本当に美味しいのですが（笑）、「美味しい」という言葉のエネルギーが脳にも届くんです。

脳は「美味しい〜幸せだなぁ〜」と楽しみ喜んでいる経験を学習します。
「美味しいエネルギーきたぁ〜！　あなた嬉しいね、喜んでるね！」と反応してくれます。
あと、ひとりで黙々と食べる食事と、大勢で「美味しいね〜」といって楽しく食べる食事では味が変わってきますよね。

嗅覚の刺激は、アロマの香りを楽しむのも良いですね。
人工的なアロマもありますが、できれば自然な成分でできたアロマがオススメです。ちょっとした体の不調は、アロマと音叉をセットでセッションするととても軽くなります。アロマにもさまざまな効用があり、音叉との相性も良いのです。

視覚の刺激は、自分の好きなお花を飾ってみたり、美しい芸術を観たりしてみましょう。百合・カサブランカ・蘭などの花、ユーカリ・ドウダンなどの枝がオススメです。お花や緑のある生活は優雅な気分にもしてくれますし、これらのお花はとっても長持ちします。

お部屋に飾っているだけで、アロマの代わりにもなるくらい良い香りが広がります。また、お花は邪気を吸い取ってくれます。すぐ枯れてしまうときは、邪気をたくさん吸い取ってくれた証です。

触覚は、普段の生活の中で意識を向けてみると意外と使っています。お野菜やフルーツを選ぶときに触れてみたり、洋服の素材は触って確認しますよね。

1円・5円・10円・100円・500円といったコインを袋に入れてどれがどのコインかを当ててみたりするのもいいでしょう。

このように五感は、使えば使うほど敏感になってきます。感じる力がないなぁ～と思っている方は、感じるフリでいいので感じてみるんです。そうすると脳は「私、感じやすいのね」っと、可愛いのでだまされてくれます。

運気を上げるためにやるべきこと
3

自分の好きなところを探す

自分のことを好きになること。

難しいことですが、これはとっても大切なことです。

「私なんて……」と思っている方は、少しずつでも意識を「好きな自分探し」に向けてみてください。

自分のことを好きな人は、自分の力を信じている人です。もちろん、人間は完璧ではないので、すべてが好きというわけではないでしょう。

好きとはいえない部分があっても良いんです。

良いも悪いも紙一重。

誰でも長所も短所も持っています。自分を好きで自分を信じている人の波動はとっても高い。そういう人は、自分の短所を含めて自分のことが大好きな人です。

急には難しくても、少しずつでもいいので、ぜひ自分を信じてあげてください。

すべての人が、その人にしかない才能を持っています。才能を持っていない人などはいない。これは断言できます！

声はあなたの気づかなかった才能も教えてくれます。声は、その人のすべてを表します。

また、そのほかにも、運気を上げるために次のことを行ってみてください。

＊ 自分が喜ぶこと、楽しいことをする時間をつくってあげよう
＊ 一日の最後に自分のしたどんなことも褒めまくろう
＊ いろいろな人にあなたの素敵なところを教えてもらおう
＊ いろいろな人の素敵なところを伝えよう

運気を上げるためにやるべきこと 4

優しい言葉、美しい言葉でエネルギーを変える

繊細な曲調、優しい言葉、美しい声など良い音は、唾液の分泌を促進するといわれています。唾液がよく出るということは、消化酵素がよく出るということ。この消化酵素が良く出るということは、心身にストレスがなく意識が行き届いているからこそといわれています。

言葉遣いが人格をつくります。先日、元宝塚の方にお逢いしたのですが、とても言葉遣いが美しくて勉強になりました。

ためしに「わたくしは、○○です」と口に出して言ってみてください。

上品な言葉を使うときは、背中を丸めた状態でいうより、背中をピンとしていたほうが、言っているほうもしっくりきませんか？

優しい言葉、美しい言葉を意識するだけでエネルギーも変わってきます。

優しい言葉→優しい音→優しい波動→周りにいる人もエネルギーに同調
美しい言葉→美しい音→美しい波動→周りにいる人もエネルギーに同調

もちろん逆もあります。

厳しい言葉ばかり使っていると、厳しいエネルギーになってしまい、周りもギスギスとしたエネルギーに同調してしまいます。

極力、優しい言葉、美しい言葉を心がけてみましょう。

何度もお伝えしてしまっていますが、たとえ完璧にできなくてもかまいません。

ときには感情で怒りの言葉、厳しい言葉、不安の言葉も出てきます。「極力」でよいのです。吐き出すときは吐き出しましょう。だって人間ですから。

幸運美人は惑星のエネルギーを使う

幸運美人は、文字どおりラッキーな人が多いです。

そこには、エネルギーや波動だけでなく、もうひとつの秘密があります。

それは、「ラッキーの流れ」をうまくつかむことです。

この世に生まれた人すべての人に、みんな、ラッキーの流れが与えられます。その流れをしっかりとつかめる人と、つかめない人がいるのです。

このラッキーな流れは、惑星と関係しています。というと、拒絶反応を示す方もいるかもしれませんが、この機会にもう少しお付き合いください。

女性は、特に月のリズムと深い関係がありますよね。

生理のことも「月経」「お月様」とも言いますが、惑星と仲良しになってくると、満月や新月に合わせて月経が起こるようになります。

これは考えてみると当然のこと。私たちは自然の一部である生き物なので、自然の周波数に敏感になるのです。だから、月の周波数に同調しだすと月経がそのリズムと合ってきます。

あなたは、満月になるとやけに眠くなるなんて経験はありませんか？

満月になると、なんだかむくみやすくなったり、精神的に乱れてしまった経験はありませんか？

これも月のリズムに敏感になっている証拠でもあります。嘘か本当かは、やはりその人次第で、体感しかないんです。

幸運美人は、惑星や自然と仲良しです。

ラッキーなエネルギーとその流れに気づき、つかむだけです。そのラッキーと惑星には密接な関係があります。

それではラッキーな流れをつかむために、惑星のことをご紹介していきましょう。

幸運美人は、ラッキーの流れをつかむのがうまい
幸運というのは惑星の周波数と関係がある

惑星の種類と性質を知っておこう

ここでいう惑星は、地球を取り巻く星たちのことです。

今や惑星の数は、数えきれないほどたくさんあります。その中でも最も私たちと関わりが深いのが「月・太陽・水星・金星・火星・木星・土星」の7つです。

実は、惑星それぞれに音があります。驚かれた方も多いのではないでしょうか。

もちろん、宇宙は真空で音が響きません。

しかし、それぞれの天体から発せられる電磁波を解析して、可聴音域に編集することによって、私たちは惑星の音も味わうことができるようになりました。

NASAが発表した惑星の音も興味のある方は、NASAのホームページで確認できます（http://www.nasa.gov/vision/universe/features/halloween_sounds.html）。

地球が生きているように、ほかの惑星も生きています。すべての惑星が生きていて、振動している。つまり、周波数にも置き換えられるのです。

では、それぞれの惑星の意味について次のページから見ていきましょう。

惑星は、奥深くてここには書ききれないほどの意味があります。

チェックマークの部分で、「ほしいもの、手に入れたいもの」があれば、その惑星の音のエネルギーを取り入れてみてください。

心を静めて、目を閉じて、その惑星の音を聴くことによって、惑星のパワーが入ってきてくれます。

次のページから、それぞれの惑星の特徴と意味、そしてCDを使ったワークをご紹介していきますね。

私たちと関わりが深いのは「月・太陽・水星・金星・火星・木星・土星」の7つそれぞれの惑星には意味がある

月（Ｍｏｏｎ）
——女性性、創造力、感情

次のように思っていたら、月のパワーを借りてみましょう。

□ **もっとポジティブになりたい**
□ **感情に振り回されないようになりたい**
□ **早く結婚したい**
□ **異性に対して心を開けるようになりたい**
□ **身近な人を許し、愛せるようになりたい**
□ **もっと女性らしくなりたい**
□ **すぐ凹むクセをなんとかしたい**

月の音のエネルギーは、精神面に届きます。月が引き出してくれるのは、あなた自身が本来持っているパワーです。月のパワーをうまく活かすと、情緒が安定してくれるのです。月は心とつながっていますから、あなた自身の持つ強さも、回復力も高めて、さらにバランスもとってくれます。

新月に近いときはＣＤトラック６「新月のエネルギー」を聴き、満月に近いときはＣＤトラック７「満月のエネルギー」を聴いてみてください。

新月と満月のそれぞれの周波数にチューニングされた惑星ハンドチャイムを聴きながら、その音程と同じ声を出してみましょう。

これを行うとイマジネーション、柔軟性、記憶力、感情の安定や穏やかさを促し、感情や女性性を豊かにしてくれます。

太陽（Sun）
――男性性、自分らしさ、表現力

次のように思っていたら、太陽のパワーを借りてみましょう。

- □ 自分に自信を持ちたい
- □ 自分で人生を切り拓く強さがほしい
- □ コンプレックスなんて気にしない人になりたい
- □ いつも自分に素直でありたい
- □ ワクワクするような毎日を送りたい
- □ もっとラッキーになりたい
- □ 他人に影響されない芯の強い人間になりたい

太陽の音のエネルギーは、肉体面に届きます。自分の意志や「こうなりたい」という意識的な目標を表しています。太陽のパワーをうまく活用すると、自分の思う人生を切り開くことができます。

太陽のイメージって、とってもパワフルなイメージがありませんか？

あなたに自信を与えてくれて、好きな自分、なりたい自分になるパワーをくれるのが太陽です。長所や個性を輝かせてくれ、ぶれないあなたと出逢えます。

CDトラック8を再生し、太陽の持つ周波数にチューニングされた惑星ハンドチャイムを聴いてください。そして、その音程と同じ声を出してみましょう。

これを行うことで、バイタリティーや生命力、モチベーション、躍動感を向上し、情熱や決断力を促します。

水星（Mercury）——知性、伝達能力、才能

次のように思っていたら、水星のパワーを借りてみましょう。

- □ **チャンスやタイミングをうまくつかむ人になりたい**
- □ **コミュニケーションが得意になりたい**
- □ **もっと自分の知性を高めたい**
- □ **空気を読める人になりたい**
- □ **誰とでも気後れしない自分になりたい**
- □ **情報に対して敏感になり、常に良いエネルギーを得ていたい**
- □ **自分の言葉を素直に人に伝えられるようになりたい**

水星は、情報や伝達の星ともいわれています。だから、水星の音のエネルギーを活

用すると、必要な情報が一番良いタイミングでやってきます。あなたの才能が一番良い形で発揮されるのです。

ＣＤトラック９を再生し、水星の持つ周波数にチューニングされた惑星ハンドチャイムの音を聴いてください。そして、その音程と同じ声を出してみましょう。

このエネルギーを活用すると、表現力、知性や理解力、コミュニケーション能力が向上します。

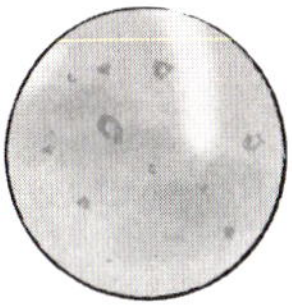

金星（Venus）——美、愛、セクシャル

次のように思っていたら、金星のパワーを借りてみましょう。

- □ **恋愛運を高めて、モテるようになりたい**
- □ **もっと他人から愛されたい**
- □ **お金の運気を上げて、お金に困らなくなりたい**
- □ **内面も外面もキレイな自分になりたい**
- □ **キラキラした人生を送りたい**
- □ **外見のコンプレックスに悩まない自分になりたい**
- □ **愛にあふれた人生を送りたい**

金星は、愛と美の星といわれていて、恋愛や美しさ、人生の喜びを表します。金星

の音のエネルギーをうまく活用すると、豊かな人間関係が築けて楽しく過ごせます。もちろん、素敵な恋愛もできちゃいます。

また、お金の豊かさも引き寄せ、愛し愛される喜びを感じることができます。

CDトラック10を再生し、金星の持つ周波数にチューニングされた惑星ハンドチャイムの音を聴いてください。そして、その音程と同じ声を出してみましょう。

これを行うことで、愛や調和、感情の表現力を強化し、創造性や芸術的なセンスを引き出し、喜びをもたらします。

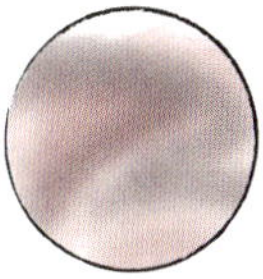

火星（Mars）——勇気、パワー、実行力

次のように思っていたら、火星のパワーを借りてみましょう。

- □ もっとバイタリティのある人になりたい
- □ すごい集中力がほしい
- □ 行動を後回ししない人になりたい
- □ エネルギーが常にあふれている状態でいたい
- □ どんなことに対しても恐れず、常に意欲的に挑戦したい
- □ 即断即決ができる人になりたい
- □ 考えすぎずに直感で生きてみたい

火星は、あなたの強い味方となって行動力を身につけさせてくれます。

火星の音のエネルギーをうまく活用すると、目標に辿り着くために必要な行動力を与えてくれます。つまり、思ったことをすぐに行動に移せるようになるのです。もちろん、読んで字のごとく「火」でメラメラ～っとした「怒り」といった攻撃性もありますが、良い意味で活用すれば火星の力は願望実現の強い味方になります。

CDトラック11を再生し、火星の持つ周波数にチューニングされた惑星ハンドチャイムの音を聴いてください。そして、その音程と同じ声を出してみましょう。

このエネルギーを活用すると、決断力や行動力、自信、リーダーシップを高め、強い意志と勇気をもたらしてくれます。

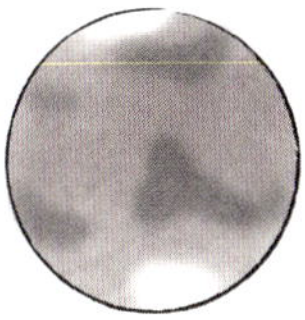

木星（Jupiter）
——成長、成功、発展

次のように思っていたら、木星のパワーを借りてみましょう。

- □ 起業したい、そして自分のビジネスを成功させたい
- □ 今の自分のままではなく、もっと高いレベルに行きたい
- □ 自分の資質や能力をもっと発揮したい
- □ 自分の成長につながるご縁を広げたい
- □ 成功の運気を高めたい
- □ 世界的に有名になりたい
- □ 変わらない毎日から、「変化のある毎日」にしたい

木星は、幸運をつかむために必要なチャンスと可能性を広げてくれます。「幸運」

美人になるには木星の音のエネルギーが有効です。

木星の音のエネルギーをうまく活用すると、人としての器も大きくなり、人脈も広がり、成功も手に入ります。その結果、喜びに満ちた人生を歩めるようになるのです。

CDトラック12を再生し、木星の持つ周波数にチューニングされた惑星ハンドチャイムの音を聴いてください。そして、その音程と同じ声を出してみましょう。

そうすると、信頼や楽観主義、開放性、幸運をもたらしてくれます。

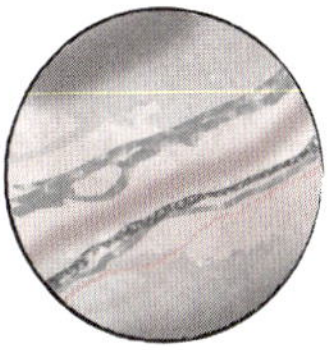

土星（Saturn）
——安定、手放す、現実化

次のように思っていたら、土星のパワーを借りてみましょう。

☐ **安定感のある人生にしたい**
☐ **結婚や仕事、夢など、考えていることを現実にしたい**
☐ **人・モノ・金を断捨離したい**
☐ **もっと自由に生きていきたい**
☐ **過去に縛られない自分でいたい**
☐ **体から余分なお肉を手放したい**
☐ **悪い運気を手放したい**

土星の音のエネルギーは、強くたくましい自分へと導いてくれます。執着やネガティブな想いがなくなり、手に入れた「幸運」が安定感のある人生にしてくれます。
土星の音のエネルギーをうまく活用すると、試練を通じてあなたをとても強くし、成長させてくれます。「幸運」を維持したければ、安定の土星の音のエネルギーを手に入れてみましょう。

CDトラック13を再生し、土星の持つ周波数にチューニングされた惑星ハンドチャイムの音を聴いてください。そして、その音程と同じ声を出してみましょう。

そうすることで、構造化、組織化、規律、責任感や忍耐力を高め、意志をもってなすべきことをやり遂げる力をもたらしてくれます。

幸運体質になるための好転反応の秘密

本章の最後に、好転反応についてお伝えしておきます。

サウンドヴォイス・ヒーリングをして、体に良いこと・良いエネルギーを入れたり、幸運体質に変化したりすると、「好転反応」が起こることがあります。

好転反応とは、浄化が起こっている良いサイン。これは決して悪いことではありません。溜めこんでしまった感情・体に害と思われるモノを出してくれる体の浄化反応のことです。

声のワークのように、口からどんどんと出てくれるモノもありますが、中にはじわりじわりと肉体などに出てくるときもあります。

頭痛や眠気、疲労感、下痢などの胃腸の症状、風邪、熱、体の痛みなどが典型的な症状だといわれます。

この反応が現れる期間には、個人差はありますが、だいたい1週間程度。中には1

～2カ月くらい反応が出る人もいます。

次のページで好転反応の対処方法をご紹介しておきます。

5つあるのですが、全部やらなければと思うと、ストレスになってしまうので、気楽にできるもので大丈夫です。

浄化して、良いエネルギーが入ると、好転反応が起こるときがある
好転反応は悪いものじゃない

好転反応が出たらやるべき5つの対処法

① お水を飲む

お水（常温水）は、体内の悪いエネルギーを洗い流し、症状を軽くしてくれます。体の中から不必要なモノや邪気が流れ出ていくのをイメージしながら、お水を飲んでみてください。朝起きて一番に、少し温めたお水（白湯）を飲むと良いでしょう。

② 浄化を手伝ってくれる食材を摂る

肝臓や腸、腎臓の働きを助ける栄養素を摂ると、好転反応を減らしてくれます。ビタミンCは、肝臓が他の抗酸化物を生成するのを助ける働きがあるので、浄化反応中は特に、パパイヤ、アセロラ、アサイー、チアシードなどのビタミンCの食材を摂りましょう。

体の浄化を助けてくれる食材として、パクチー、生姜、ニンニク、タマネギなどがあります。また、モロヘイヤ、ブロッコリー、春菊、ベリー類、デーツなどから食物繊維をたくさん摂るのも良いですね。旬の緑の濃い葉野菜も、クロロフィルと食物繊維が豊富で体内をアルカリ化してくれる解毒の強力な助っ人です。

またルイボスティーを飲むのもオススメです。

③ ウォーキングをする

浄化反応中に痛みなどがなく動けるようでしたら、20分程度ウォーキングしてみてください。

その理由は、2つあります。ひとつには、汗は体内の毒素を排出するからです。もうひとつは、筋肉を動かすことにより代謝が促進され、体内の毒素を体外に排出してくれるからです。

④ デトックス風呂でリラックスする

デトックス風呂は、頭痛などの好転反応をやわらげてくれます。

湯船にエプソムソルトというお塩と重曹を加えて20分ほど入浴すると良いといわれ

ます。エプソムソルトは今セレブに人気の入浴剤で、体に必要なミネラルのマグネシウムを皮膚から補給することができるといわれています。

エプソムソルトが毒素を排出し、排泄器官を活性化してくれます。エプソムソルトがない場合、塩と日本酒をお風呂に入れて入ってください。

⑤ ゆったり深呼吸をしましょう

深い呼吸をすることで、体内の悪いエネルギーを外に流し、好転反応を軽くしてくれます。息を吸うときは、キラキラ輝いた空気を吸い込み、全細胞に酸素がいき届くイメージをしてみましょう。

息を吐くときは、体内にある黒い毒素が出ていくイメージをすると良いでしょう。

ゆっくりとした深い腹式呼吸が、呼吸の浄化能力を高めてくれます。

幸運美人になる
スペシャル・サウンドヒーリング

音のエネルギーにより、心も体も浄化をし、幸せの扉を開くためのチャクラも活性化し、幸運体質になるために惑星のパワーも借りました。

最後は、幸せのエネルギーで包み込んであげましょう。

CDのトラック14では、音叉、惑星ハンドチャイム、クリスタルボウルやパイプグロッケンなどの楽器を使用し豪華な音のシャワーをお楽しみください。

私たちは、自分のエネルギーに即したものしか引き寄せられません。

多くの人が、今よりもっと素敵になりたい、今よりもっと幸せになりたいと願っているでしょう。その大きなカギとなるのが、自分のエネルギー（波動）を上げてしまうこと。自分自身が高い波動になってしまえば、高いエネルギーのモノが喜んで寄ってきてくれるようになります。

リラックスしながら聴いて、あなたの波動をどんどん上げ続けてください。

おわりに

最後までお付き合いくださり、ありがとうございました。

音や声は、人生をさらに素敵にしてくれる最高の宝物。

いつも身近にいてくれて、あなたの心に寄り添ってくれています。音のエネルギーは、動き出す力強いパワーや癒してくれる優しいパワー、幸せに導いてくれるパワーを持っています。

私は、音と一緒に成長し、音と一緒に日増しに幸せになっています。

小さい頃から「音楽大好きっ子」、大人になっても「やっぱ音楽最高～」というこの熱い想いだけはずっと変わらず続いています。無意識レベルで「音の持つパワー」を受け取っていたからだと、知識をつけた今は実感しています。


最後の最後に、とっても大切なお話。

これをお伝えすると、頭がこんがらがってしまうかもしれないのですが、実は、エネルギーに良いも悪いもないのです。ごめんなさい、「今さら⁉」と思いますよね。エネルギー自体は中立なもので、私たちがどこにフォーカスするかで「良いエネルギー」にもなりうるし、「悪いエネルギー」にもなってしまうのです。

たとえば、怒りのエネルギーは、「元気なエネルギー」なんです。確かに、怒りのエネルギーがやんわりしたエネルギーだったら、怒りになりませんよね。「怒り」は、燃え上がるほどパワフルなエネルギーなのです。

この本ではわかりやすくお伝えしたかったので、「邪気」や良い、悪いといった表現を使わせていただきました。

本当は、「エネルギー」や「気」や「波動」というものは、中立であって、良いも悪いもないのです。自分自身が、良いと「感じるか」悪いと「感じるか」の意識の違いしかありません。

ひとりがハッピーの波動になれば、周りもハッピーになり共鳴していきます。

それぞれが素敵な個性の音を奏で、多くの人と響き合って幸せになっていく時代がきたんだと感じています。和音も不協和音も、どんな音も美しい音です。

この本とCDが、あなたの幸運を引き寄せる生活に、少しでもお役に立てれば幸いです。

この本を出版するにあたり、惜しみなくご尽力くださった編集の鹿野哲平さまに深く感謝申し上げます。素晴らしい機会をくださったフォレスト出版の渕野圭介さま、鳥垣佑果さま、CD制作に協力してくださったゼロスタジオの原田朋之さま、528Hzの音楽をつくってくださったニコさま、素敵なイラストを描いてくださったスギザキメグミさま、本当にありがとうございました。心より感謝申し上げます。

サウンドヴォイス・セラピスト養成講座の皆さま、クライアントさま、ワークショップやセミナーに参加してくださった皆さま、メルマガやブログの読者の皆さま、いつもたくさんパワーをいただいております。本当にありがとうございます。

いつも温かく見守り支えてくれる家族に心から感謝しています。

ここには書ききれない大切な友人たち、読んでくれた皆さま、心からありがとうございます。

この本のおかげでつながれた皆さまには、より輝いて幸運をもっともっと掴んでいただけたら嬉しいです。

あなたらしさを大切にしながら、幸運がどんどんやってくる村山友美のメッセージ、音楽療法も考慮した音楽のご紹介を毎朝3週間お届けしております。

よろしかったら、こちらでも3週間お付き合いいただけたら嬉しいです。

【幸運美人になるメッセージと音楽　3週間　無料レッスン】

https://88auto.biz/soundheart/touroku/entryform2.htm

たくさんの幸せとミラクルが訪れますように。　愛を込めて。

平成27年8月3日　村山友美

参考文献

『音の神秘』ハズラト・イナーヤト・ハーン　平河出版社
『星界の音楽』ジョスリン・ゴドウィン　工作舎
『声をめぐる冒険　ヴォイスヒーラーの実践をとおして』渡邉満喜子　春秋社
『モーツァルトセラピー』篠原佳年　知玄舎
『音楽療法　エドオガーケイシー文庫００１』シャーリー・ラブ・ウィンストン　中央アート出版社
『シュタイナー・音楽療法』カロリン・フィッサー　イザラ書房
『音楽好きな脳　人はなぜ音楽に夢中になるのか』ダニエル・J・レヴィティン　白揚社
『バイブレーショナル・メディスン』リチャード・ガーバー　日本教文社
『能力と健康を高める音、壊す音』ドン・キャンベル&アレックス・ドーマン　アスキーメディアワークス
『数霊のメッセージ　内なる神と繋がる生き方』佐々木の将人　大和出版
『癒す心、治る力』アンドルー・ワイル　角川文庫
『人は音・音楽をどのように聴いているのか―統計による実証と楽曲リスト』国書刊行会
『聴くだけで体が変わるサウンドヒーリング』喜田圭一郎　青春出版社
『ジョン・レノンを殺した狂気の調律A＝４４０Hz』レオナルド・G・ホロウィッツ　徳間書店
『眠れる予言者　エドガー・ケイシー』光田秀　総合法令出版
『あなたが生きにくいのはチャクラに原因があった』デボラ・キング　徳間書店
『完全マスター西洋占星術』松村潔　説話社
『「病気」と「健康」の法則』ロバート・ハシンガー　サンマーク出版
『いのちの輝き　フルフォード博士が語る自然治癒力』ロバート・C・フルフォード&ジーン・ストーン　翔泳社

『リズム、音楽、脳：神経学的音楽療法の科学的根拠と臨床応用』マイケル　H　タウト　協同医書出版社
「心の遺伝子の発現を調節する」村上和雄　化学と生物Vol.50No.5
「可聴域以外の音が聞こえるってほんと？」大橋力　映像情報メディア学会誌Vol.55
「東洋医学における『気』」黒木賢一　大阪経大論集
「統合医療　基礎と臨床」村上和雄　林隆志　日本統合医療学会　2005年
「ハイパーソニック・エフェクトについて」大橋力　信学技報
「心と身体のインターフェス　プラセボ効果と『内なる治癒力』」丸田俊彦Practice of Pain Management 5巻1号
「歌うことを用いた音楽療法による心身への影響」久保田牧子　高橋和奈枝　昭和音楽大学研究紀要（32）
「音楽の歌唱や聴取の繰り返しパターンが脳機能の活性に与える影響」田所克俊　ライフサポート26巻3号
「高音発声時の脳活動－functional MRIを用いた検討-」喜友名朝則　喉頭24（1）
「癒し音楽に関する基礎調査（1）」後藤靖宏　北海道心理学研究23
「音楽療法—（3）情動・記憶と脳波と音楽の周波数」木村滋　冨野弘之　日本赤十字秋田短期大学紀要第10号
「歌うことを用いた音楽療法による心身への影響-精神科外来患者の生理・心理指標の結果から-」久保田牧子　高橋和奈枝　昭和音楽大学研究紀要（32）
「統合医療をめざして」今西二郎　京府医大誌　119（5）
「歌唱中の脳波Fm θと自律神経活動について：個人、小集団における認知・情緒・生理的側面の定量的評価」竹原直美　矢野環　長谷川裕紀　文化情報学7（2）

【著者プロフィール】
村山 友美（むらやま・ともみ）

サウンドヴォイス・セラピスト
空間音楽プロデューサー
声分析士
経営学博士
一般社団法人日本サウンドハート協会　代表理事

幼少期からピアノ・琴・木琴を習い音楽に自然に親しむ。

駒澤大学大学院に通いながら、音楽好きがこうじて、シンガー・DJとして日本・海外で活動。ロンドンの老舗JazzClub Ronnie Scott'sでもDJをし、日本人らしからぬ選曲と高いセンスで観客を魅了した。


声・音や波動の研究を重ね、サウンドヴォイス・ヒーリングを開発。

声・音楽・70本近い音叉・惑星ハンドチャイム・琴・クリスタルボウルなど、様々な楽器を使いながら、60兆の細胞に音のエネルギーを届け日頃使いすぎた脳をシータ波に変えていき、心身バランスを整えていく。

実現力が高まり閃きが増える、本当の自分に出逢えたとの声が多く、94.6%の人がリピートする人気セッションになっている。

さらに、経営と音楽と波動を組み合わせた空間音楽プロデュースを開発。

“音楽”だけで空間エネルギーを劇的に改善し、人と場のコンディションを整える空間音楽プロデューサーとして活動。セミナーや病院やサロンなど波動を考慮した至高のＢＧＭ提案を行っている。

音や声の力を実際に気軽に体感できる音の魔法・声の魔法のワークショップも満足度90.2%と人気を博している。

現在は、東京と沖縄を拠点に活動をしている。

ホームページ　http://murayamatomomi.com
Facebook https://www.facebook.com/kuukanongaku
アメブロ　http://ameblo.jp/learn-compilation
Instagram https://instagram.com/tomomi.murayama
Twitter https://twitter.com/TOMO_Learn

装丁／小口翔平（tobufune）
本文デザイン／三森健太（tobufune）
カバーイラスト・本文イラスト／スギザキメグミ
DTP／野中賢（システムタンク）
プロデュース・編集協力／鹿野哲平

あなたの声と音が、すべてを浄化する

2015年 8月18日　　初版発行
2015年10月15日　　5刷発行

著　者　村山友美
発行者　太田　宏
発行所　フォレスト出版株式会社
〒162-0824 東京都新宿区揚場町2-18　白宝ビル5F
電話　03-5229-5750（営業）
　　　03-5229-5757（編集）
URL　http://www.forestpub.co.jp

印刷・製本　日経印刷株式会社

ISBN978-4-89451-676-2 Printed in Japan